民法成年年齢引下げが与える重大な影響

編集代表

弁護士 辺見紀男
弁護士 武井洋一
税理士・公認会計士 山田美代子

清文社

序

「成人」(おとな)の概念に大変革が起ころうとしています。

わが国の法制においては、特に若年層を中心として、様々な立法趣旨に基づき、年齢による規制が行われています(後記**一覧表**参照)。

その中核は、明治 31 年に施行された民法が「年齢 20 歳をもって、成年とする」(第 4 条)と定めていることに基づく「成年・未成年」の区別だと思われます。そして、わが国においては、「成人＝20 歳」という認識が長年にわたって広く定着し、個人のライフステージの設計においても、それを踏まえた様々な対応がなされてきました。

ところが、現在立法化が進められている民法の成年年齢の改正においては、ほぼ 120 年振りに、これを 18 歳に引き下げることが予定されています。

本書は、まず第 1 章で、本改正の前段と位置付けられる投票権年齢(国民投票法)や選挙権年齢(公職選挙法)の 18 歳への引下げの趣旨と影響を論じることを通じて、民法の成年年齢引下げの意義を考えます。

その上で、18 歳の若者が成人とされることによって、経済活動や消費行動において直接的に問題となる「未成年者取消権」の喪失の問題(第 2 章)を採り上げるとともに、未成年者保護の観点から認められた民法上の制度である「親権・養育費」(第 3 章)、「未成年後見制度」(第 4 章)と本改正の関係を論じています。また、これらに密接に関連する制度として、「児童福祉」(第 6 章)に対する成年年齢の引下げの影響を検討し、併せて、成年年齢と関連する民法等の他の制度(婚姻、養子、相続、遺言、民事訴訟等)への影響の有無やその内容を紹介しています(第 11 章)。

他方で、成人となった 18 歳の若者が就業する場面で問題となる「労働法」について、成年年齢の引下げをどのようにとらえるかという観点から議論を進めているだけでなく(第 5 章)、税務上留意すべき点にまで対象を拡げて、その内容を解説しています(第 10 章)。

さらに、未成年者の可塑性とその保護という観点から、従来も特に議論の多い「少年法」の改正論との関係も採り上げました（第7章）。加えて、未成年者に対する規制法令のある「喫煙・飲酒・競馬等」について、本改正がどのような影響を与えるかについても論じました（第8章）。

　そして、本改正の施行に関する見込み（第11章）とともに、『高校3年生が成人となる』という成年年齢の引下げの社会生活への実際上の大きな影響に伴い、極めて重要と考えられる「法教育」（第9章）についての取組みを紹介しています。

　このように、本書は、幅広い分野について成年年齢引下げの影響と意義を論じることによって、『18歳で成人になる』という社会生活上のパラダイムチェンジに関心を持ち、対応を迫られる国民各層のニーズに応えられる内容となっています。これは、民法成年年齢改正に深い問題意識を有する弁護士・税理士（公認会計士）総勢13名が編集・執筆陣として集結し、それぞれの分野で培った豊富な実務経験をもとに検討した結果です。

　そのため、このような関心をお持ちの方々（未成年者のお子さんをお持ちの親御さん、小・中・高等学校の先生方、未成年者を雇用する企業の方々、各種行政機関の方々等）に、是非本書を手に取ってご覧いただきたいと、執筆陣一同強く願っております。

　本書の出版にあたっては、株式会社清文社編集部の東海林良氏、大久保彩音氏に企画段階から格別のご配慮と充実したサポートをいただき、短期間での出版に至ることができました。厚く御礼申し上げます。

　平成29年9月吉日

　　　　　　　　　　　　　　　編集代表
　　　　　　　　　　　　　　　　弁護士　　辺見　紀男
　　　　　　　　　　　　　　　　弁護士　　武井　洋一
　　　　　　　　　　　　　　　　税理士・公認会計士
　　　　　　　　　　　　　　　　　　　　　山田美代子

【年齢条項のある主な法律一覧表】

14歳未満	
「14歳に満たない者」	**刑法第41条** ・刑事責任を負わない年齢 **銃砲刀剣類所持等取締法第5条1項一号** ・空気銃射撃の国際競技への参加者として推薦を受けられない年齢
15歳	
「15歳に達した者」	**民法第961条** ・遺言能力を備える年齢
「15歳に達した日以後の最初の3月31日が終了するまで」（児童）	**労働基準法第56条1項、第57条2項、第60条2項、第61条5項** ・児童の雇用制限、修学に差し支えないことの証明書等の事業所備付義務、労働時間等の制限、深夜業の制限
16歳未満	
「16歳に満たない者」	**道路交通法第88条1項一号** ・普通二輪免許、原付免許等の欠格事由
16歳	
「16歳」	**民法第731条（近日、改正法案を国会に提出予定）** ・女子の婚姻適齢
18歳未満	
「18歳に満たない者」 「18歳未満」	**公職選挙法第58条2項** ・投票所に出入りし得る選挙人同伴の子ども **公職選挙法第37条の2** ・選挙運動の禁止 **児童福祉法第4条1項** ・児童（乳児、幼児、少年）の定義 **児童の権利に関する条約第1条** ・児童の定義

	少年法第51条 ・死刑と無期刑の緩和要件 労働基準法第57条1項、第60条1項、第61条1項、第62条、第63条、第64条 ・雇用する年少者の戸籍証明書の事業所備付義務、労働時間等の制限、深夜業の制限、危険有害業務の就業制限、炭坑労働の禁止、帰郷旅費の支給 道路交通法第88条1項一号 ・第一種、第二種普通免許、大型二輪免許等の欠格事由 銃砲刀剣類所持等取締法第5条1項一号 ・銃砲又は刀剣類所持の不許可事由 鳥獣の保護及び管理並びに狩猟の適正化に関する法律第40条 ・網猟免許及びわな猟免許の欠格事由 教員職員免許法第5条1項一号 ・教職員普通免許状授与の欠格事由 警備業法第14条1項 ・警備員の欠格事由 漁業法第87条1項一号 ・海区漁業調整委員会の委員の選挙権及び被選挙権の欠格事由 風俗営業等の規制及び業務の適正化等に関する法律第22条1項三号、四号、五号等 ・接待、深夜接客及び客として入店等の禁止
	18歳
「18歳以上」	国民投票法第3条、第22条、第35条、第36条 ・投票権年齢、投票人名簿登録要件、在外投票人名簿登録要件 公職選挙法第9条、第21条、第30条の4及び5 ・選挙権年齢、選挙名簿登録要件、在外選挙人名簿登録要件 地方自治法第18条 ・普通地方公共団体の議会の議員及び長の選挙権年齢

「選挙権を有する者」	最高裁判所裁判官国民審査法第4条 ・最高裁判所裁判官の任命に関する国民審査権年齢
「18歳」	皇室典範法第22条 ・天皇、皇太子及び皇太孫の成年年齢 民法第731条 ・男子の婚姻適齢
19歳未満	
「19歳に満たない者」	スポーツ振興投票の実施等に関する法律第9条 ・スポーツ振興投票券の購入等の禁止 道路交通法第88条1項一号 ・第一種、第二種大型免許、中型免許の自衛官の欠格事由
20歳未満	
「20歳に満たない者」 「20歳に至らない者」	少年法第2条1項 ・少年の定義 未成年者飲酒禁止法第1条及び第2条、未成年者喫煙禁止法第1条及び第5条 ・飲酒、喫煙を禁じられた者 銃砲刀剣類所持等取締法第5条の2第2項 ・猟銃所持の不許可事由 鳥獣の保護及び管理並びに狩猟の適正化に関する法律第40条 ・第一種銃猟免許及び第二種銃猟免許の欠格事由 道路交通法第88条1項一号 ・第一種、第二種中型免許の欠格事由（自衛官を除く）
「未成年(者)」	民法第737条1項 ・未成年者の婚姻についての父母の同意 民法第753条 ・婚姻による成年擬制 民法第974条一号 ・遺言の証人又は立会人の欠格事由

民法第1009条
・遺言執行者の欠格事由

民事訴訟法31条
・訴訟無能力者

未成年者飲酒禁止法第1条2項、未成年者喫煙禁止法第3条
・親権者の未成年者に対する飲酒、喫煙の制止義務

労働基準法第58条、第59条
・未成年者の労働契約における親権者、後見人の制限、親権者等による労働契約の解除

相続税法第19条の3
・未成年者控除

地方税法第24条の5第1項二号、第295条1項二号
・道府県民税、市町村民税の非課税範囲

競馬法第28条、モーターボート競走法第12条、自転車競技法第9条
・未成年者の公営競技投票券購入等の禁止

大麻取締法第5条2項三号
・大麻取扱者免許の欠格事由

あへん法第13条一号
・あへん及びけしの栽培の不許可事由

公認会計士法第4条一号、税理士法第4条一号、弁理士法第8条九号、司法書士法第5条二号、土地家屋調査士法第5条二号、社会保険労務士法第5条一号、医師法第3条、歯科医師法第3条、薬剤師法第4条、獣医師法第4条一号、建築士法第7条一号、行政書士法第2条の2第一号
・士業・医師等の欠格条項

20歳

「20歳以上」

国籍法第5条1項二号
・帰化の許可要件

	国民年金法第7条1項一号 ・国民年金の被保険者資格 **少年法第2条1項** ・成人の定義 **相続税法第21条の9** ・相続時精算課税	
「満20歳に達するまで」	**児童福祉法第24条の24、第31条など** ・障害児入所給付費等の支給の特例、母子生活支援施設等の利用要件など	
「成年」	**民法第4条（成年）** ・成年年齢 **民法第739条2項** ・婚姻の届出の証人 **民法第792条** ・養親となる者の年齢 **戸籍法第21条1項** ・分籍可能年齢 **公証人法第12条1項一号** ・公証人就任要件	
「選挙権を有する者」	※下記の括弧内は公職選挙法附則（平成27年6月19日法律第43号）による特例 **検察審査会法第4条（第7条）** ・検察審査員の選定要件 **民生委員法第6条1項（第8条）** ・民生委員の推薦候補者の要件 **人権擁護委員法第6条3項（第9条）** ・人権擁護委員の推薦候補者の要件 **裁判員の参加する刑事裁判に関する法律第13条（第10条）** ・裁判員の選任資格	

	21 歳未満	
「21歳に満たない者」	**道路交通法第 88 条 1 項一号** ・第一種、第二種大型免許の欠格事由（自衛官を除く）	
	25 歳	
「25歳以上」	**公職選挙法第 10 条（現在、見直しの議論あり）** ・衆議院議員の被選挙権（1項一号） ・都道府県議会議員の被選挙権（1項三号） ・市町村議会議員、市町村長の被選挙権（1項五号、六号）	
「25歳に達しない者」	**民法第 817 条の 4** ・特別養子縁組における養親となる者の年齢	
「都道府県の議会の議員の被選挙権を有する者」	**警察法第 39 条 1 項** ・都道府県公安委員の任命要件	
	30 歳	
「30歳以上」	**公職選挙法第 10 条（現在、見直しの議論あり）** ・参議院議員の被選挙権（1項二号） ・都道府県知事の被選挙権（1項四号）	
「参議院議員の被選挙権を有する者」	**公職選挙法第 5 条の 2 第 2 項** ・中央選挙管理委員の指名要件	

CONTENTS
民法成年年齢引下げが与える重大な影響

序
【年齢条項のある主な法律一覧表】

第1章
成年年齢の引下げの意義など
── はじめに ──

第1節　成年年齢引下げの意義と問題点　　3

1　成年年齢引下げの意義　　3
　[1] 将来の国づくりの中心となるべき若年者に対する期待　　3
　[2] 親権者等の同意なく契約できる年齢の引下げの意義　　4
　[3] 成年年齢の引下げの意義のまとめ　　4

2　成年年齢引下げの現状と問題点　　4

第2節　成年年齢引下げの議論の経緯　　6

1　議論の発端となった国民投票法の制定　　6

| 2 | 成年年齢を18歳に引き下げるのが適当とする法制審議会の答申 ········ 7

| 3 | 法制審議会の答申後の動き ·· 7

第3節　選挙権年齢の引下げの経緯　10

| 1 | 先行して行われた投票権・選挙権年齢引下げの経過 ················ 10

　　[1] 国民投票法の成立及び改正 ·· 10
　　　（1）憲法改正手続である国民投票法の制定 ···································· 10
　　　（2）国民投票法の改正 ·· 10
　　[2] 選挙権年齢の「18歳以上」への引下げ ·· 12

| 2 | 成年年齢、投票権年齢及び選挙権年齢の関係 ···························· 13

　　[1] 投票権年齢と選挙権年齢の引下げにおける議論 ···························· 13
　　[2] 投票権年齢等と民法の成年年齢との関係 ···································· 13

| 3 | 改正公職選挙法について ·· 14

　　[1] 改正公職選挙法の概要 ·· 15
　　　（1）選挙権年齢の「18歳以上」への引下げ ···································· 15
　　　（2）検察審査会等の適用の特例 ··· 15
　　　（3）選挙犯罪等についての少年法の特例 ······································· 16
　　　（4）成年年齢等の引下げに関する検討（法制上の措置義務） ············· 16
　　[2] 公職選挙法改正時の国会での議論等 ·· 17
　　　（1）選挙権年齢の「18歳以上」への引下げの意義 ··························· 17
　　　（2）改正公職選挙法の施行日 ·· 17
　　　（3）主権者教育・政治教育の在り方 ·· 18

(4) 選挙権年齢引下げに対応する少年法の特例の設置 …………………… 21
　　　(5) 民法、少年法の年齢見直しの議論 ……………………………………… 21
　　　(6) 被選挙権年齢の扱い ……………………………………………………… 22
　　　(7) 裁判員の対象年齢についての特例 ……………………………………… 22

4 改正公職選挙法施行後の状況 …………………………………………… 24

　　[1] 選挙権年齢の引下げによる有権者の増加 ………………………………… 24
　　[2] 18歳及び19歳の平成28年7月の参議院議員通常選挙投票率 ………… 24
　　[3] 被選挙権年齢引下げの議論 ………………………………………………… 25
　　[4] 若者向け政策提言の活発化 ………………………………………………… 25
　　[5] その他 ………………………………………………………………………… 26

第2章

未成年者取消権

第1節　成年年齢の引下げと未成年者取消権の関係　31

1　成年年齢の引下げにより生じ得る具体的事例 ……………………………… 31

2　未成年者取消権が行使できなくなることの意義 …………………………… 32

第2節　未成年者取消権と成年年齢引下げの影響　33

| 1 | 未成年者取消権とは | 33 |

[1] 現行民法の定め ... 33
[2] 未成年者取消権の効果 ... 33

| 2 | 成年年齢引下げの影響 | 34 |

[1] メリット ... 34
[2] デメリット ... 35

| 3 | 若者の消費者トラブルの現状 | 36 |

[1] 消費者取引に関する相談件数 ... 36
[2] 消費者トラブルの内容 ... 37

| 4 | 成年年齢引下げと消費者被害拡大のおそれ | 39 |

[1] 消費者トラブルの現状から考察 ... 39
[2] 未成年者取消権の効果からの考察 ... 39
[3] 被害額の高額化(与信を伴う被害) ... 40

| 5 | 18、19歳の若者特有の事情(要保護性) | 40 |

[1] 消費者被害が生じる仕組み ... 40
[2] 被害が拡大しやすい環境 ... 41
[3] 被害の影響 ... 42

| 6 | 被害拡大への対策の必要性 | 42 |

第3節 若者の消費者被害を防止するには　43

1 消費者教育の充実 ……43

[1] 消費者教育をめぐる最近の情勢 ……43
[2] 消費者教育の内容〜消費者市民教育 ……44
(1) 消費者教育の具体的内容 ……44
(2) 消費者市民教育とは ……45
[3] 具体的な取組み ……45
(1) 基本方針の策定 ……45
(2) 消費者教育推進会議の設置 ……46
(3) 「消費者教育の体系イメージマップ」の作成・公表 ……46
(4) 消費者教育ポータルサイトの拡充 ……47
(5) 地方公共団体の取組み ……47
[4] 今後の課題 ……50

2 被害回復の手段 ……52

[1] クーリング・オフ ……52
(1) 意 義 ……52
(2) 要件1（取引類型）……53
(3) 要件2（クーリング・オフ期間）……53
(4) 行使方法 ……54
[2] 各種法令に基づく取消権 ……54
(1) 特定商取引法の取消権 ……55
(2) 消費者契約法の取消権 ……55
(3) 民法の取消権 ……56
[3] その他の手法 ……56
[4] 被害に遭ったら ……57
[5] 今後の課題 ……58

第3章

親権・養育費

第1節 親　権　　63

1 親　権 ……63

[1] 親　権 ……63
(1) 親権とは ……64
(2) 身上監護権 ……65
① 居所指定権（民法821）……65
② 懲戒権（民法822）……65
③ 職業許可権（民法823）……66
④ その他 ……66
(3) 財産管理権 ……66
(4) 身分上の行為 ……67
(5) 訴訟上の行為 ……67
(6) その他 ……67

[2] 成年年齢が引き下げられた場合の影響 ……68
(1) 身上監護について ……68
(2) 財産管理について ……69
(3) 身分上の行為について ……69
(4) 訴訟上の行為について ……70

第2節 離婚　72

1 離婚　72

[1] 親権者の指定　72
（1） 共同親権の原則　72
（2） 単独親権　72

[2] 成年年齢の引下げによる影響　73

第3節 養育費の支払い　74

1 養育費　74

[1] 養育費　74
（1） 養育費の意義　74
（2） 養育費の金額等　75
（3） 養育費の終期　75
（4） 子からの請求　76

[2] 成年年齢引下げによる影響　76
（1） 支払いの打ち切り　76
（2） 未成熟児に対する扶養義務　77

[3] 養育費支払いの現状と課題　78

第4章

未成年後見制度

第1節 未成年後見制度の概要　　85

1 未成年後見制度　　85

[1] 成年年齢の引下げと未成年後見制度　　85
[2] 適用事例　　85
[3] 未成年後見人　　86

2 未成年後見人の権限・責任　　86

[1] 財産管理　　86
[2] 身上監護　　87
[3] その他　　88
（1）医療同意　　88
（2）監督責任　　88

第2節 未成年後見制度の実務　　90

1 未成年後見人選任　　90

[1] 申立　　90
[2] 親権者不存在　　90
（1）両親権者死亡等　　90

(2)　単独親権者死亡 …………………………………………………… 90
　　　(3)　親権喪失等 ……………………………………………………… 91
　　[3]　事例検討(両親死亡以外) ……………………………………………… 91

2　未成年後見人 …………………………………………………………… 92

　　[1]　選任候補者 ……………………………………………………………… 92
　　[2]　親族後見人 ……………………………………………………………… 93
　　[3]　専門職後見人 …………………………………………………………… 93

3　未成年者 ………………………………………………………………… 94

第3節　未成年後見人の役割　　95

1　財産管理の実務 ………………………………………………………… 95

2　身上監護の実務 ………………………………………………………… 95

3　自立支援 ………………………………………………………………… 95

4　専門職未成年後見人の実務 …………………………………………… 96

　　[1]　専門職後見人の選任 …………………………………………………… 96
　　[2]　身上監護①(貧困支援) ………………………………………………… 96
　　[3]　身上監護②(福祉的対応) ……………………………………………… 97

第4節　成年年齢引下げ―18歳基準を想定して　　99

1	成人年齢引下げ論	99
2	財産管理	99
3	身上監護―未成年者の自立	101
4	貧困・福祉対応	102
5	自立までの保護	103

第5章

仕 事
― 労働契約 ―

第1節 成年年齢の引下げに伴う影響の概要等　107

1	未成年者の仕事への関わり	107
2	仕事に関する未成年者の保護規定の概要	108
3	成年年齢の引下げに伴う仕事への影響の概要	108

COLUMN　仕事の「契約」　　109

第2節 労働契約における未成年者などへの保護規定　110

1　保護の分類・保護規定の概要　110

2　未成年者（年少者、児童を含む）に適用される保護規定　110

- [1] 法定代理人の同意、職業の許可（民法5①、同法823①）　110
- [2] 代理締結の禁止（労働基準法58①）　111
- [3] 未成年者の労働契約の解除（労働基準法58②）　112
- [4] 未成年者の賃金請求権（労働基準法59）　112

3　年少者（児童を含む）に適用される保護規定　112

- [1] 年齢証明書の備付け（労働基準法57①）　112
- [2] 労働時間・休日の制限（労働基準法60）　112
- [3] 深夜業の制限（労働基準法61）　113
- [4] 危険有害業務の就業制限（労働基準法62）　113
- [5] 坑内労働の禁止（労働基準法63）　113
- [6] 帰郷旅費の支給（労働基準法64）　113

4　児童に適用される保護規定　114

- [1] 最低年齢・就業制限（労働基準法56）　114
- [2] 児童の就業に関する証明書等の備付け（労働基準法57②）　114
- [3] 労働時間の制限（労働基準法60②）・深夜業の禁止（同法61⑤）　114

第3節　労働契約における成年年齢の引下げに伴う影響　115

| 1 | 概　要 | 115 |

| 2 | 未成年者への保護規定（前記第2節②）の適用年齢の変更による影響 | 115 |

　　[1] 労働契約の締結にあたり法定代理人によるチェックがなくなる ... 115
　　　（1）劣悪な労働条件下で就労せざるを得なくなる危険性 ... 115
　　　（2）具体例 ... 116
　　[2] 親権者、後見人、行政官庁による解除権がなくなる ... 117

| 3 | 労働契約について必要な知識を十分に身に付けて行動していく必要が生じる | 117 |

　　[1] これまでの成年者と同様の知識等を身に付けることが必要 ... 117
　　[2] 労働条件の確認 ... 118
　　[3] 労働基準法などの保護規定の確認 ... 121

| 4 | 社会保険関係（労災保険・雇用保険）への影響 | 121 |

第4節　労働契約以外（請負契約・委任契約など）における成年年齢の引下げに伴う影響　122

| 1 | 労働契約以外（請負契約・委任契約など）で仕事に関わる場合の注意点 | 122 |

| 2 | 労働契約以外の契約形態における成年年齢の引下げに伴う影響 | 123 |

　　[1] 概　要 ... 123
　　[2] 法定代理人が契約内容を事前にチェックできなくなる ... 123
　　[3] 未成年者取消権（民法120①）が適用されなくなる ... 123

| 3 | 労働契約以外の契約形態における成年年齢の引下げに伴う影響への対応策 | 124 |

　　[1] 契約条件の確認 ... 124

［2］知識を身に付け、自ら権利行使をする ……………………………………… 124

第6章

児童福祉

第1節　児童福祉と児童年齢　　127

1　児童年齢と成年年齢 ……………………………………………………………… 127

2　児童の定義 ………………………………………………………………………… 128

　　［1］国際的定義 ……………………………………………………………………… 128
　　［2］日本国内法 ……………………………………………………………………… 128
　　［3］児童と未成年者 ………………………………………………………………… 129

3　各種の概念 ………………………………………………………………………… 130

　　［1］未成年者 ………………………………………………………………………… 130
　　［2］乳児（新生児）・幼児 ………………………………………………………… 130
　　COLUMN　20歳の誕生日を迎えていなくても『成人』？ ………………………… 130
　　［3］少　年 …………………………………………………………………………… 131

第2節　児童の権利・児童福祉関連法　　132

1　児童の権利 ………………………………………………………………………… 132

| 2 | 児童福祉法 ………………………………………………………… 132

| 3 | その他児童福祉関連法律 ………………………………………… 133
　　[1] 児童虐待防止法 ………………………………………………… 133
　　[2] 配偶者からの暴力の防止及び被害者の保護等に関する法律 ……… 135
　　[3] 母子及び父子並びに寡婦福祉法 ……………………………… 136
　　[4] 母子保健法 …………………………………………………… 136

第3節　児童福祉施設　　138

| 1 | 概　要 ……………………………………………………………… 138

| 2 | 児童福祉施設―利用と措置 ……………………………………… 138
　　[1] 概　要 ………………………………………………………… 138
　　[2] 利用方式と措置方式 ………………………………………… 138

| 3 | 対象児童 …………………………………………………………… 141

| 4 | 児童福祉施設の狭間 ……………………………………………… 143

第4節　児童福祉と成年年齢　　144

| 1 | 児童保護の要請 …………………………………………………… 144

| 2 | 成年年齢引下げ論―児童福祉政策 ……………………………… 145

第7章

少年法

第1節 少年法適用年齢の引下げについて　149

1 少年法の適用とは　149

[1] 少年の犯罪には原則として家庭裁判所での手続がとられる　149
[2] 法律上の犯罪に該当しなくとも、少年は家庭裁判所での手続を受ける場合がある　149
[3] 少年法が適用される「少年」とは　149

2 少年法適用年齢が引き下げられるとどうなるのか　150

[1] 犯罪行為をしてしまった場合―Aさんのケース　150
　（1） 少年法適用年齢が20歳未満の場合（現行の少年法）　150
　（2） 少年法適用年齢が18歳未満に引き下げられた場合　151
[2] 犯罪行為までは行っていない場合―Bさんのケース　151
　（1） 少年法適用年齢が20歳未満の場合（現行の少年法）　151
　（2） 少年法適用年齢が18歳未満に引き下げられた場合　152

3 少年と成人の手続の流れ　152

4 18歳から現在の成人と同じ取扱いになる？　155

5 公職選挙法や民法が変われば、少年法適用年齢も自動的に引き下がるわけではない　155

第2節 少年法を知る－どうして少年に特別な手続を定めているのか　156

1 少年法の考え方　156

[1] 刑事裁判手続の目的－真相解明と刑罰（制裁）　156
[2] 少年法の目的－少年の教育・保護　156
[3] 非行防止のための「教育・保護」に重点を置く　157

2 どうして「教育・保護」を重視するのか　157

[1] 少年は可塑性に富む　157
[2] 少年の可塑性を踏まえた教育・保護的アプローチ　158

第3節 少年法の特色－少年審判手続を中心に　160

1 家庭裁判所を中心とする教育・保護的手続　160

[1] 「非行」のある少年が対象となる　160
[2] 非行少年の事件は原則的に家庭裁判所に送られる　160
[3] 少年審判では、資質や環境なども調査、判断される　161
[4] 少年審判では、少年を非行と向き合わせて内省を深めさせる　161
[5] 少年審判における秘密の保持、プライバシーや名誉の保護　162
[6] 少年の立ち直りに必要な措置をとる－制裁ではない　162
[7] 家庭裁判所が主体的に手続を行う（職権主義）　162

2 少年に即した個別的な処遇　163

[1] 少年ごとの問題を把握するために－家庭裁判所による調査　163
　（1） 家庭裁判所調査官による調査　164

(2)　少年鑑別所での観護措置（収容観護） 164
　　(3)　試験観察 165
　[2]　少年ごとの問題を解消するために―保護処分 165
　　(1)　保護観察 165
　　(2)　少年院送致 166
　　　① 少年院での矯正教育の仕組み 166
　　　② 少年院での生活 167

3 教育・保護的措置が適切でない場合―刑事裁判手続への移行 168

第4節　少年法適用年齢引下げに関する状況　169

1 少年事件の発生件数などの推移 169

　[1]　少年の検挙人数など（刑法違反） 169
　[2]　少年の年齢別終局人数など 170

2 少年法適用年齢の引下げについての議論 171

　[1]　議論の概要 171
　[2]　「18歳、19歳の犯罪防止のために望ましい方策」という視点が必要 171

第8章

喫煙・飲酒・競馬等

第1節 議論の状況　175

1 成年年齢引下げと喫煙・飲酒・競馬等の年齢要件　175

2 喫煙・飲酒・競馬等の年齢要件改正の動向　177

第2節 現行法における喫煙、飲酒、競馬の年齢要件の根拠　178

1 法律による規制の根拠　178

2 「20歳」を基準とする合理性　179

第3節 未成年者喫煙禁止法　181

1 未成年者喫煙禁止法の概要　181

[1] 未成年者喫煙禁止法の対象年齢及び沿革　181
[2] 未成年者喫煙禁止法の沿革　181
[3] 未成年者喫煙禁止法の規制対象者と規制対象行為　182
　（1）禁止行為等（未成年者喫煙禁止法1、2）　182

(2) 親権者・監督者に対する規制 ……………………………… 183
COLUMN 「電子たばこ」は「煙草」に含まれるか？ ……………………… 183
　　　(3) 煙草または器具の販売者に対する規制 ………………………… 184
COLUMN 営業者に対する風営法上の規制 ………………………………… 184

2 未成年者喫煙禁止法の年齢要件の改正の要否を検討するための視点 …… 186

第4節 未成年者飲酒禁止法　188

1 未成年者飲酒禁止法の概要 …………………………………… 188

　　[1] 未成年者飲酒禁止法の対象年齢 ………………………………… 188
　　[2] 未成年者飲酒禁止法の沿革 ……………………………………… 188
　　[3] 未成年者飲酒禁止法等の対象と規制対象行為 ………………… 189
　　　(1) 禁止行為等（未成年者飲酒禁止法1①、2） ………………… 189
　　　(2) 親権者や監督者に対する規制（未成年者飲酒禁止法1②、3②）… 189
　　　(3) 酒類を販売する営業者または酒類を供与する営業者に対する規制 … 190
COLUMN 未成年者の飲酒防止に関する表示基準 …………………………… 190

2 未成年者飲酒禁止法の年齢要件の改正の要否を検討するための視点 …… 192

第5節 競馬法、モーターボート競走法、自転車競技法等 194

1 競馬、競輪、競艇の年齢要件の根拠 ………………………… 194

2 成年年齢引下げと競馬法等 …………………………………… 195

| 3 | 競馬法等の年齢要件の改正の要否を検討するための視点 ----- 195

COLUMN 公営競技（競馬、競輪、競艇、オートレース）の年齢要件に関する最新の動向 ----- 196

第9章

法教育

第1節 法教育の必要性　201

| 1 | 成年年齢引下げに伴う法教育の必要性 ----- 201

| 2 | 法教育の意義 ----- 201

| 3 | 法教育の必要性 ----- 202

COLUMN 法教育は将来の裁判員育成にもつながる ----- 203

第2節 法教育の目的　204

| 1 | 目的 ----- 204

| 2 | 学校教育の重要性 ----- 204

COLUMN 法教育は身を守る ----- 205

第3節 法教育の内容　　206

1 発達段階に即した内容　　206

[1] 小学校低学年　　206
（1）寓話的題材　　206
（2）身近なルール　　206

[2] 小学校中学年　　207
（1）地域社会などの問題　　207
（2）消費者教育の導入　　208

[3] 小学校高学年　　208
（1）国民主権・三権分立　　208
（2）消費者教育の展開　　208
（3）国民の義務　　208

[4] 中学校　　208
（1）実際に起きた社会問題　　208
（2）法律関係の基本である契約の基礎を理解させる　　209
（3）市場の働きと経済　　209
（4）租税の意義と役割　　210

[5] 高　校　　210
（1）政治的問題　　210
（2）実践的な消費者教育　　210
　① 契約の基本及び契約トラブルの類型　　210
　② 消費者問題の当事者とならないための教育　　211
　③ 消費者被害からの救済方法　　211
（3）職業生活・社会参加　　212

| 2 | 法教育の具体的方法 | 212 |

　　[1] 主体性・積極性 212
　　[2] 具体的方法 212
　　　（1）ルール作り 212
　　　（2）消費者教育 213

第4節　法教育における法律実務家との連携　216

| 1 | 連携の必要性 | 216 |

| 2 | 連携の内容 | 216 |

　　[1] 授業の実践におけるサポート 217
　　　（1）事前準備の段階 217
　　　（2）授業の実践・補助 217
　　[2] 資料・計画におけるサポート 217
　　[3] 教員研修におけるサポート 217

| 3 | 弁護士会の取組み | 218 |

　　[1] 日本弁護士連合会の取組み 218
　　[2] 各弁護士会の取組み 218

第10章

税 金
— 成年者・未成年者が知っておきたい租税知識

第1節 未成年者に関係する税金　223

1 ポイント 223
2 知っておくべき税金の種類 223
3 未成年者等に関する規定がある税金について 224
4 成年年齢の引下げに伴う税金面への影響 226
[1] 相続税の未成年者税額控除制度 226
[2] 住民税の未成年者控除制度 226
[3] （国税）所得税のジュニアNISA制度 227
[4] 贈与税の相続時精算課税制度 228

第2節 成年者として負うべき税金に関する知識　230

1 所得税について 230
[1] 所得税の意味 230
[2] 所得税と社会保険における給与収入の認定の違い 230
[3] 年末調整とは 231

（1）源泉徴収票：所得控除の額の合計金額(C)欄 ……………… 233
　　　（2）源泉徴収票：源泉徴収税額(D)欄 ……………………………… 233
　　[4] 給与収入と所得 ……………………………………………………………… 234
　　[5] 所得税の確定申告が必要な場合 ………………………………………… 234
　　[6] 18歳の者に収入があった場合の具体的な検討 ……………………… 236

2　相続税と未成年者　238

　　[1] 18歳の者が相続人になった場合の問題点の比較 …………………… 238
　　[2] 相続手続の留意点 ………………………………………………………… 241
　　　（1）未成年者の相続税申告について …………………………………… 241
　　　（2）未成年者の相続の場合の名義変更について ……………………… 241

第11章　婚姻、相続、訴訟手続などへの影響

第1節　成年年齢の引下げによるその他の影響　245

1　成年年齢の引下げが婚姻に与える影響　245

　　[1] 成年年齢の引下げにより結婚の在り方が変わる? ……………… 245
　　[2] 婚姻適齢 …………………………………………………………………… 245
　　[3] 未成年者の婚姻には父母の同意が必要 ……………………………… 245
　　[4] 婚姻届上の証人 …………………………………………………………… 247
　　[5] 婚姻の効果 ………………………………………………………………… 248

2 成年年齢の引下げが養子縁組の制度に与える影響 — 249

- [1] 未成年者を養子とする場合の手続等 — 249
- [2] 養親となれる年齢 — 250

3 成年年齢の引下げが相続に与える影響 — 250

- [1] 相続が発生した場合の選択肢 — 250
- [2] 相続に関する期間制限と民法改正の影響 — 251
- [3] 遺言の方式 — 252
- [4] 遺言の証人 — 253
- [5] 遺言執行者 — 253

4 成年年齢の引下げが子の復氏、時効に与える影響 — 254

- [1] 従前の氏に復する期間 — 254
- [2] 時効が完成する期間 — 255

5 成年年齢の引下げが民事裁判手続に与える影響 — 255

6 成年年齢の引下げが従前の契約に与える影響 — 256

7 成年年齢の引下げが各種資格の要件に与える影響 — 257

8 成年年齢の引下げが国民年金制度に与える影響 — 257

第2節 成年年齢引下げの改正法の施行方法について 258

1 施行方法に関する法務省の予定とこれに対する意見 — 258

2	施行時点で18歳、19歳に達している者の取扱い	258
3	施行までの周知期間	259
4	改正法の施行日	259
5	成年年齢引下げの効果を遡及させないこと	259

◆文献等略記◆

文中収録条文及び文献については、以下の略記をしています。
・(例)少年法第17条第1項第二号　→　少年法17①二
・最高裁判所民事判例集　→　民集
・判例時報　→　判時

◆参考◆民法(債権関係)改正について

　掲題の債権関係に係る民法改正法案が平成29年5月26日に参議院本会議で可決、成立しました。公布は同年6月2日です。また、同改正法は公布日より起算して3年を超えない範囲内で政令で定める日に施行される予定です。

　なお、本書文中に参照収録した民法関連条文は以下のとおりです。平成29年9月1日現在、改正法は未施行ですが、改正内容(新旧対照条文等)については、法務省ホームページ(http://www.moj.go.jp/MINJI/minji07_00175.html)にて確認できます。

【本書参照収録した民法条文】
　第20条、**第96条**、**第98条の2**、**第106条**、**第120条**、**第121条**、**第122条**、**第158条**、第627条、第644条、第651条、第712条、第714条(太字条文は改正あり)

＊本書の内容は、平成29年9月1日現在の法令等によっています。

【編集代表者略歴】

辺見 紀男（へんみ　のりお）
【略歴】
弁護士（第一東京弁護士会所属）
日本弁護士連合会常務理事・第一東京弁護士会副会長（平成 28 年度）
中央大学法学部卒業、平成元年 4 月弁護士登録
第一東京弁護士会 総合法律研究所委員長・同会社法研究部会部会長、旧司法試験第二次試験考査委員（商法担当）、サッポロホールディングス株式会社社外監査役などを歴任。
【主な編著書・共著】
『同族会社実務大全』（清文社）
『株式交換・株式移転の理論・実務と書式（第 2 版）』（民事法研究会）
『非公開会社・子会社のための会社法実務ハンドブック』（商事法務）
『敵対的買収と企業防衛』（日本経済新聞社）
『企業再編の理論と実務～企業再編のすべて』（商事法務）など多数

武井 洋一（たけい　よういち）
【略歴】
弁護士（第一東京弁護士会所属）
第一東京弁護士会 総合法律研究所 会計監査制度研究部会副部会長
日本トムソン株式会社社外取締役
東京大学教養学部教養学科卒業、平成 5 年 4 月弁護士登録
第一東京弁護士会 総合法律研究所委員長・会社法研究部会部会長、新司法試験考査委員（商法）などを歴任。
【主な編著書・共著】
『会社法関係法務省令逐条実務詳解』（清文社）
『役員会運営実務ハンドブック』（商事法務）
『新会社法 A2Z 非公開会社の実務』（第一法規）
『Q＆A新会社法の実務』（新日本法規）
『同族会社実務大全』（清文社）
『会社経営者・人事労務担当者のための労働法実務ハンドブック』（商事法務）など多数

山田 美代子（やまだ　みよこ）
　第 10 章「略歴等」参照

【各章執筆者（略歴等は各章参照）】
　弁護士 **岸本 寛之**（第 1 章）
　弁護士 **白石 裕美子**（第 2 章）
　弁護士 **三崎 高治**（第 3 章）
　弁護士・社会福祉士 **石坂 浩**（第 4 章）
　弁護士 **渡邊 和之**（第 5 章）
　弁護士・社会福祉士 **石坂 浩**（第 6 章）
　弁護士 **田中 和人**（第 7 章）
　弁護士 **西山 諒**（第 8 章）
　弁護士 **畑中 淳子**（第 9 章）
　税理士・公認会計士 **山田 美代子**（第 10 章）
　弁護士 **多田 啓太郎**（第 11 章）

第 1 章

成年年齢の引下げの意義など
―― はじめに ――

弁護士 岸本 寛之（きしもと ひろゆき）

【略歴】
平成 19 年　弁護士登録（第一東京弁護士会）
平成 27 年　清和総合法律事務所設立（現・神奈川県弁護士会）
【所属・公職等】
清和総合法律事務所 代表
簡易郵便局のあり方に関する有識者会議 有識者メンバー（平成 25 年～同 26 年）
藤沢商工会議所 運営委員（平成 29 年～）
【主な著作】
『同族会社実務大全』（共著、平成 27 年、清文社）
『信用金庫役員の職務執行の手引き～知っておきたい権限と責任～』（平成 28 年、経済法令研究会）
『経済刑事裁判例に学ぶ 不正予防・対応策－法的・会計的視点から－』（共著、平成 27 年、経済法令研究会）
『業界別・場面別 役員が知っておきたい法的責任』（共著、平成 26 年、経済法令研究会）
『Q＆A 平成 26 年 改正会社法』（共著、平成 26 年、新日本法規出版） 他

第1節 成年年齢引下げの意義と問題点

1 成年年齢引下げの意義

「成年」（民法第4条で規定する成年年齢に達した者。以下、同条に規定する年齢を「成年年齢」といいます）の基準となる成年年齢が「満20歳」から「満18歳」に変わろうとしています。これは後述する投票権・選挙権年齢の引下げにとどまらず、一般的に成年となる年齢を引き下げ、18歳や19歳の者も社会・経済的に独立した「大人」として扱うようにするものです。

成年年齢を引き下げれば、親（親権者）の同意なく1人で契約をすることができる年齢の基準が下がります。父母の親権の対象となる年齢も下がります。同時に、一般国民の意識の上でも、これまで「20歳未満」を未成年者として扱ってきた対応を変えていく必要があります。

では、今なぜ、このような成年年齢の引下げが必要とされるのでしょうか。

法務省法制審議会の民法成年年齢部会では、成年年齢を引き下げる意義について、次のようにまとめています（法制審議会「民法の成年年齢の引下げについての意見」別添の「民法の成年年齢の引下げについての最終報告書」。以下「最終報告書」といいます）。

[1] 将来の国づくりの中心となるべき若年者に対する期待

成年年齢引下げは、若年者が将来の国づくりの中心であるという国としての強い決意を示すことにつながります。最終報告書では、将来の日本を活力あるものにするためにも、このような強い決意を示す必要があるとされています。

[2] 親権者等の同意なく契約できる年齢の引下げの意義

　18歳に達すれば、自ら賃貸借契約などを締結できるほか、就労して得た金銭などを法律上も自らの判断で処分することができるようになります。親権者等の同意なく契約できる年齢の引下げには、18歳や19歳の者を社会・経済的に独立した主体として位置付ける意義があります。

[3] 成年年齢の引下げの意義のまとめ

　最終報告書では、以上を踏まえて、後述の投票権年齢の引下げに伴い「18歳、19歳の者が政治に参加しているという意識を責任感をもって実感できるようにするためにも、取引の場面など私法の領域においても、自己の判断と責任において自立した活動をすることができるよう、特段の弊害のない限り、民法の成年年齢を18歳に引き下げるのが適当である。」とまとめられています。

　なお、親権の対象となる年齢の引下げについては、上記の点に加え、親からの不当な親権行使を受けている子を解放する意義があるとの指摘もなされています。しかし、このような意義は成年年齢を引き下げるメリットとまでは言い難いと結論付けられています。

2 成年年齢引下げの現状と問題点

　「20歳」を成年とする現行民法が制定された約120年前は、当時の欧米諸国の比較的多くが「21歳以上」を成年年齢としていました。今では、世界の9割の国が「18歳」を成年として扱っています。成年年齢引下げは、このような世界情勢にも沿うものです。

　しかし、他方で、成年年齢の引下げによって懸念されるデメリットの存在は否定できません。

　成年年齢の引下げにより、今までは未成年者として保護されていた者が、その保護から外れます。例えば、行為能力が制限されることによって取引を取り消すことができた保護（未成年者取消権の行使）が受けられなくなります（第2章「未成年者取消権」参照）。また、父母等の親権者や未成年

後見人の保護を受けられなくなります（**第3章**「親権・養育費」、**第4章**「未成年後見制度」参照）。それらの結果、未成年者としての保護を受けられなくなった者が新たな消費者被害の対象となるなどの様々な問題が生じる懸念があることは、法制審議会の意見及び最終報告書の中でも問題点として指摘されていました。

日本弁護士連合会（以下、日弁連）は、こういった懸念があることを理由に成年年齢引下げについて消極意見を公表しました。

本書**第2章**以下では、こうした様々な問題点をより掘り下げて解説するとともに、年齢条項に関わる他の法令の課題等についても解説していくこととします。

また、本章次節以下では、前提となる背景事情の理解をより深めるために、成年年齢引下げの議論の経緯、そして、成年年齢引下げに先行して年齢引下げが行われた投票権・選挙権年齢についての解説も行います。

第2節

成年年齢引下げの議論の経緯

1 議論の発端となった国民投票法の制定

　成年年齢引下げは、平成19年の「日本国憲法の改正手続に関する法律」（以下「国民投票法」といいます）の制定を契機に議論されるようになりました。

　国民投票法は、憲法改正承認のための国民投票手続（憲法96①）を定めた法律ですが、この手続において投票する権利（以下「投票権」といいます）は、当時の公職選挙法に基づく選挙権と異なり、18歳以上の国民に認められました（同法3。以下「投票権年齢」といいます）。

　また、国民投票法の附則第3条第1項（現行法では削除されています）には、同法施行までの約3年の間に、18歳以上20歳未満の者が国政選挙に参加することができるよう選挙権を有する者の年齢や成年年齢の規定について検討を加えて、必要な法制上の措置を講ずる旨が定められました（公職選挙法の改正経緯については第3節を参照ください）。

【図表1】国民投票法の附則を受けた動き

平成19.5	「年齢条項の見直しに関する検討委員会」設置
平成19.11	年齢条項の見直しに関する検討委員会は、各府省において審議会等で審議を行い、平成21年の臨時国会または平成22年の通常国会に法制上の措置を定めた法案を提出できるよう、検討を進める旨を決定。
平成20.2	法制審議会が諮問のため**「民法成年年齢部会」**を設置。
平成21.7	民法成年年齢部会が「民法が定める成年年齢を18歳に引き下げるのが適当である」等とする**「民法の成年年齢の引下げについての最終報告書」**を取りまとめる。

| 平成 21.10 | 法制審議会は、部会の最終報告書の内容を法制審議会の意見として法務大臣に答申。 |

　国の基本方針の在り方を決める投票権という政治参加の権利を 18 歳や 19 歳の者に認めることに併せて、これらの者を一般的にも成年として扱うべきかどうかという議論が始まりました。

2 成年年齢を18歳に引き下げるのが適当とする法制審議会の答申

　法制審議会は、「民法成年年齢部会」を設置して成年年齢引下げの適否を検討しました。その結果、同審議会は平成 21 年 7 月に「民法が定める成年年齢を 18 歳に引き下げるのが適当である。」とする意見をまとめました。

　その中で、法制審議会は、成年年齢を引き下げた場合に生じる問題点とその解決策についても検討を行っています（意義と問題点の概要は**第 1 節**に記載したとおりです。詳細は以下各章を参照してください）。そのため、法制審議会は、上記意見には若年者の自立を促すような施策や消費者被害の拡大のおそれ等の問題点の解決に資する施策が実現されることが必要であるとの留保を付けました。その時点（平成 21 年当時）で引下げを行うと、消費者被害拡大など様々な問題が生じるおそれがあったためです。

　成年年齢を引き下げる時期は、関係施策の効果等の若年者を中心とする国民への浸透の程度やそれについての国民の意識を踏まえた国会の判断に委ねるのが相当であるとされました。

3 法制審議会の答申後の動き

　成年年齢を引き下げる時期は、法制審議会の答申後も慎重に検討が重ねられてきました。

　法務省は、平成 25 年 6 月、これまでの成年年齢引下げに関する関係施

策について、その効果が現れて国民に浸透するまでには、なおある程度の期間を要するとの意見を公表しました。

平成27年6月には、成年年齢引下げに先行して、公職選挙法に基づいて選挙投票及び選挙活動をすることができる年齢が18歳に引き下げられることになりました（第3節以降を参照ください）。

日弁連は、平成21年の法制審議会の「最終報告書」の内容を踏まえて、平成28年2月、成年年齢引下げには、未成年者取消権の喪失、親権対象年齢の引下げ、養育費支払終期の繰上げ等の多くの問題点があることから慎重であるべきだとする意見書を公表しました（日弁連は、平成29年2月にも「民法の成年年齢引下げに伴う消費者被害に関する意見書」において同趣旨の意見を公表しています）。

【図表2】法制審議会の答申後の動き

平成25.6	法務省は、成年年齢引下げの環境整備（下記の取組等の関係施策の効果が実際に現れ、国民の間に浸透するまで）には、なおある程度の期間を要するとの意見を示す。 〈取組内容〉 ① 消費者庁による消費者行政の充実に向けた取組み ② 改訂された学習指導要領に基づく消費者教育、法教育、金融経済教育等の充実に向けた取組等 ③ 子ども・若年育成支援推進法に基づく若年者の総合的な支援に向けた取組等
平成28.2.18	日本弁護士連合会が「民法の成年年齢の引下げに関する意見書」において「民法の成年年齢を20歳から18歳に引き下げることについては、慎重であるべきである。」との意見を公表。
平成28.9	成年年齢引下げを内容とする民法改正案のパブリックコメント（意見公募）を実施。
平成29.2.16	日本弁護士連合会が「民法の成年年齢引下げに伴う消費者被害に関する意見書」において「民法の成年年齢を20歳から18歳に引き下げることについては、現時点においても慎重であるべきである。」との意見を公表。

このような慎重意見もありつつ、平成28年9月には、成年年齢引下げの法改正に向けてパブリックコメント（意見公募）が実施されました。しかし、平成29年の通常国会の時点では、民法改正案の提出は見送られています（なお、本稿校了時点では、平成29年8月3日の内閣改造で法務大臣に就任した上川陽子新法務大臣が、同月4日の閣議後記者会見において、同年秋の臨時国会への改正案提出も視野に、できるかぎり早い時期に国会提出したい旨の考えを示したと伝えられています）。

第3節

選挙権年齢の引下げの経緯

1 先行して行われた投票権・選挙権年齢引下げの経過

[1] 国民投票法の成立及び改正

⑴ 憲法改正手続である国民投票法の制定

　前記のとおり、憲法改正手続は、憲法制定後60年以上を経た平成19年5月、国民投票法として制定されました。このとき、自民・公明両党案と民主党案に関して投票権年齢を何歳にするのかが議論となりました（図表3参照）。結果として、投票権年齢はいずれの案においても18歳以上とされましたが、その決め手は、世界の9割の国が18歳以上の者に投票権・選挙権を認めているという世界情勢でした（後記2参照）。

　これを受けて、投票権年齢を18歳以上とする法案が衆参両院で可決されて、投票権年齢は原則「18歳以上」と定められました（国民投票法3、図表3参照）。

⑵ 国民投票法の改正

　もっとも、国民投票法は、投票権年齢の「18歳以上」を一定期間の間に限り「20歳以上」とするとしていました（同法附則3②）。一定期間とは、必要な法制上の措置が講ぜられて、公職選挙法に基づく「選挙権年齢」（公職選挙法に基づき選挙投票及び選挙活動をすることができる権利を総称して「選挙権」といい、以下、選挙権を有する年齢を「選挙権年齢」といいます）が18歳以上に引き下げられるまでの間です（同項）。つまり、選挙権年齢が「18歳以上」とされた後に投票権年齢も「18歳以上」に引き下げるとされたのです。そして、このような公職選挙法の選挙権年齢の引下げの措置は、

【図表3】法案における投票権年齢の差異

政党	自民・公明両党案	民主党案
法案名	「日本国憲法の改正手続に関する法律案」	「日本国憲法の改正及び国政における重要な問題に係る案件の発議手続及び国民投票に関する法律案」
投票権年齢	20歳以上 （選挙権年齢に合わせる） ↓（修正案） 18歳以上（本則） 20歳以上（附則　一定期間の間に限る）	18歳以上 さらに、国会の議決により16歳以上にも投票権を与えることができる。

国民投票法の施行日までに講じると定められていました（同条①）。

しかし、この法制上の措置は国民投票法施行日（平成22年5月18日）に至っても行われず、選挙権年齢の引下げが間に合いませんでした。

そのため、同法施行後において、投票権年齢を18歳以上（国民投票法の本則）と解釈すべきか、20歳以上（附則）と解釈すべきか、疑義が生ずる状態となっていました。

この疑義を解消するために、平成26年6月、国民投票法が改正されました。従来の附則第3条は削除され、改正法施行（平成26年6月20日）の4年後から投票権年齢を18歳以上とすることが明記されたのです（附則（平成26年6月20日法律第75号）②）。

併せて、選挙権年齢引下げについて、衆参両院において、成年年齢引下げに先行して、国民投票法改正法の施行後2年以内（つまり、平成28年6月20日まで）を目途に「18歳以上」に引き下げる法制上の措置を講ずる旨の附帯決議がなされました。

[2] 選挙権年齢の「18歳以上」への引下げ

この附帯決議を受け、平成27年6月に公職選挙法が改正され、選挙権年齢が「18歳以上」に引き下げられました（同法9①等。以下、この改正法を「改正公職選挙法」といいます）。改正公職選挙法は、衆参両院ともに全会一致で可決され成立しました。

その結果、18歳に達した者は、選挙の投票だけではなく、選挙運動を行うこともできるようになりました（同法137の2①）。

【参考】「参議院政治倫理の確立及び選挙制度に関する特別委員会」での改正公職選挙法における附帯決議の内容

> 改正公職選挙法の施行にあたり、次の事項について適切な措置を講ずべきであるとの附帯決議を行いました。
> ① 本法により新たに有権者となる若年層において、民主主義の根幹である選挙の意義等の十分な理解が進むことが本法施行の前提ともなるべき重要な事柄であることに鑑み、主権者教育及び若者の政治参加意識の促進に向けた諸施策を速やかに実施するとともに、その一層の充実を図ること。
> ② 選挙権年齢の引下げは、長い選挙制度の歴史においても極めて重要な事項であることに鑑み、民間関係団体等とも連携して、速やかにかつ幅広く国民への周知啓発活動を行うこと。
> ③ 選挙権年齢引下げに対応するために必要な選挙管理委員会の諸準備に対する支援を行い、選挙の円滑な実施と投票率の向上に万全を期すよう努めること。

そして、翌平成28年7月には、改正公職選挙法施行後初の国政選挙となる第24回参議院議員通常選挙が実施され、実際に18歳及び19歳の者が投票を行いました。

この選挙権年齢の引下げは、成年年齢の引下げの検討と同様に、国民投票法の制定・改正を契機に行われたものですが、前記の経過を経て、成年年齢引下げに先立って実現しました（**図表4参照**）。

【図表4】改正公職選挙法による選挙年齢の引下げの動き

平成26.6	国民投票法改正法の附帯決議を受けて、与野党8党（自民、公明、民主、維新、みんな、結い、生活、改革）による「選挙権年齢に関するプロジェクトチーム」が発足。
平成26.11	7会派（自民、公明、民主、維新、次世代、みんな、生活）による議員立法として公職選挙法改正法案を国会に提出。しかし、11月21日、衆議院解散となったため廃案。
平成26.12	衆議院議員総選挙
平成27.3	6会派（自民、公明、民主、維新、次世代、生活）及び無所属衆議院議員1名により、再度、衆議院に改正法案を提出。
平成27.6	改正公職選挙法は、衆参両議院で全会一致をもって可決、成立。

2 成年年齢、投票権年齢及び選挙権年齢の関係

[1] 投票権年齢と選挙権年齢の引下げにおける議論

　投票権年齢と選挙権年齢は、どちらも同じ参政権です。そのため、両者は同一の年齢であるべきだとする見解が多数を占めていました。

　そこで、国民投票法制定の際に議論になったのが、当時の選挙権年齢（20歳以上）に投票権年齢を合わせるのか、それとも、投票権年齢を「18歳以上」にして、それに合わせて選挙権年齢のほうも「18歳以上」に引き下げるのかという点です。

　当初は、投票権年齢を選挙権年齢に合わせて「20歳以上」とするとの立場も有力でした。しかし、結果として、前記のとおり選挙権年齢、投票権年齢のいずれについても「18歳以上」とするようになりました。当時、既に世界の9割以上の国が、18歳以上の者に投票権と選挙権を認めていたからです（当時の状況については次ページ図表5参照）。

[2] 投票権年齢等と民法の成年年齢との関係

　投票権年齢・選挙権年齢を18歳以上にするとなると、成年年齢が依然として20歳とされていることの是非が改めて問題となりました。憲法第15条第3項は、「公務員の選挙については、成年者による普通選挙を保障

【図表5】衆議院憲法審査会事務局 衆憲資第73号「日本国憲法の改正手続に関する法律(憲法改正国民投票の投票権年齢に関する検討条項)に関する参考資料」28ページの「主要国(G8)における各種法定年齢」(平成24年2月)

(国立国会図書館資料《2008.12》等を参考にして事務局において作成)

国名	選挙権		被選挙権		国民投票	刑事	民事
	下院	上院	下院	上院			
米国	18	18	25	30	-	<u>18</u>	<u>18</u>
英国	18	-	18	21	18	<u>18</u>	<u>18</u>
フランス	18	18	23	30	18	18	18
ドイツ	18	-	18	18	-	18(21)	18
イタリア	18	25	25	40	18	18	18
カナダ	18	-	18	30-75	18	18	<u>18</u>
ロシア	18	-	21	30	18	18	18
日本(参考)	20	20	25	30	18(20)	20	20

※英国、ドイツ、カナダ及びロシアでは、上院議員は任命等により選出される。
※下線部は、当該法定年齢が地域により異なっているため、米国ではカリフォルニア州、英国ではイングランド、カナダではオンタリオ州の規定による年齢によっている。
※刑事の括弧は、例外的に少年裁判所で扱うことができる年齢である。

する。」と規定しているからです。

　確かに、論理的には、憲法上の「成年」は必ずしも民法上の「成年」と同一とはいえませんが、世界的には、成年年齢と選挙権年齢を一致させている国が大半です。

　他方で、憲法の解釈としては、選挙権年齢を成年年齢以下に設定することは憲法違反にはならないと解されています。

　このことから、前記のとおり、法制審議会は平成21年10月に「民法が定める成年年齢を18歳に引き下げるのが適当である。」旨を答申していましたが、投票権年齢・選挙権年齢の引下げにもかかわらず、成年年齢を直ちに引き下げるのではなく、さらに検討を行うこととされました。

3 改正公職選挙法について

　本項では、成年年齢の引下げを検討すべき背景事情として、選挙権年齢

が引き下げられたことに合わせて変更された各種制度の概要・改正時の議論等の要旨、選挙権年齢引下げの影響について紹介します。

[1] 改正公職選挙法の概要

(1) 選挙権年齢の「18歳以上」への引下げ

選挙権年齢が引き下げられたことにより、選挙運動を禁止される年齢が「20歳未満」から「18歳未満」に改められました（公職選挙法137の2①）。これにより、現役の高校生の中には、選挙運動ができる者とできない者が混在することになりました。文部科学省は教育現場が混乱しないように、平成27年10月に教育現場の留意事項等をまとめて公表しました（「高等学校等における政治的教養の教育と高等学校等の生徒による政治的活動等について（通知）」）。

また、「地方自治法」及び「漁業法」で規定された選挙権年齢等についても「18歳」基準に引き下げられることになりました。

(2) 検察審査会等の適用の特例

選挙権年齢の引下げにもかかわらず、検察審査員及び裁判員の職務に就ける年齢ならびに民生委員及び人権擁護委員に委嘱できる年齢については、当分の間は引き続き「20歳以上」のままとする特例が設けられました（改正公職選挙法附則7から10）。

検察審査員及び裁判員の特例が設けられた趣旨は、少年法適用対象年齢が20歳とされている現状において、少年法で保護されている者を検察審査員や裁判員として刑事司法手続に関与させることが適当ではないと考えられたからです。

また、民生委員及び人権擁護委員の特例が設けられた趣旨は、成年年齢が20歳とされている現状においては、「未成年者」に地域住民の相談援助や人権相談の業務を委嘱することが適当ではないと考えられたからです。

したがって、成年年齢や少年法の適用対象年齢が引き下げられるまでの「当分の間」の特例措置として、これらの年齢は現状維持とされました。

(3) 選挙犯罪等についての少年法の特例

家庭裁判所は、当分の間、18歳以上20歳未満の者が犯した連座制の対象となる選挙犯罪の事件については、その罪質が選挙の公正の確保に重大な支障を及ぼすと認める場合（犯行の動機、態様等の事情を考慮し、刑事処分以外の措置を相当と認める場合は除きます）には、少年法第20条第1項の決定（検察官への送致の決定）をしなければならないものとされました（改正公職選挙法附則5①）。

また、家庭裁判所は、18歳以上20歳未満の者が犯した公職選挙法及び政治資金規正法に規定する罪の事件で、連座制の対象となる事件以外のものについては、少年法第20条第1項の決定（検察官への送致の決定）をするにあたっては、選挙の公正の確保等を考慮しなければならないものとされました（改正公職選挙法附則5③）。

この特例措置は、可塑性のある少年を保護するという少年法の趣旨と選挙の公正を確保するという公職選挙法の趣旨の両立を図るものです。未成年者が選挙犯罪を犯した場合には、選挙の公正という問題のほかに、少年法の適用対象年齢の引下げ自体の問題が絡んでくることになります。少年法の趣旨を損なわないよう、現行少年法上の検察官送致という制度を用いて、少年法の適用対象年齢が引き下げられるまでの「当分の間」、連座制にかかる事件は検察官送致の決定を原則として義務付けることとされたのです。

そのほか少年法の規定自体も、下記(4)のとおり、検討対象とされています。

(4) 成年年齢等の引下げに関する検討（法制上の措置義務）

国民投票法制定を契機に選挙権年齢と成年年齢の引下げが議論されることになったわけですが、先行して実現したのが選挙権年齢の引下げでした。これにより18歳以上の者は、国の方針を左右する投票権・選挙権の権利主体となりました。

そうなると、18歳以上の者を成年として社会・経済的に独立した主体

と位置付け、民事上の責任能力を認め、あるいは、刑事上の責任主体とするほうが整合的であるという意見も出るところです。世界的には、成年年齢と選挙権年齢を一致させている国が大半です。

そこで、民法、少年法その他の法令の規定については、選挙の公正その他の観点における満18年以上満20年未満の者と満20年以上の者との均衡等を勘案しつつ、検討を加え、必要な法制上の措置を講ずるとする規定が設けられました（改正公職選挙法附則11）。

[2] 公職選挙法改正時の国会での議論等

(1) 選挙権年齢の「18歳以上」への引下げの意義

選挙権年齢を引き下げることは、国民投票法制定・改正によってほぼ既定路線となりました。

選挙権年齢の引下げは、未来の日本の在り方を決める政治に対して、国の未来により長期にわたって関わっていく若い世代の声をより広く反映させることでもあります。

実際、選挙権年齢が引き下げられてから初の国政選挙となった平成28年参議院議員通常選挙では、各政党が若者へのアピールを重要課題として位置付けて選挙活動していたことが話題となりました。このことからも、国政に若者の声を反映させるという意義を有する選挙権年齢引下げは一定の効果を生じつつあると考えられます。

> ◎参院選候補者、ＳＮＳフル活用 若者へアピール
>
> 参院選は22日公示される。選挙権年齢の18歳以上への引き下げで候補者にとっては若者へのアピールが重要な課題となり、ソーシャル・ネットワーキング・サービス（ＳＮＳ）の活用などで少しでも若者に近づこうと工夫を凝らす。（以下略）
> （平成28年6月22日付日本経済新聞電子版）

(2) 改正公職選挙法の施行日

平成27年6月に成立した改正公職選挙法は、平成28年参議院議員通

常選挙から適用されることを予定して施行日が設定されました。

当該参議院選挙から適用することにした趣旨は、体制整備のために最低1年間は準備期間が必要であるという判断によるものです。これまで選挙権を有していなかった18歳、19歳の者が、新たに選挙に参画するにあたっての準備とその体制整備のためには、教育、啓発、周知の徹底を図るべく1年間は要するとされたのです。

(3) 主権者教育・政治教育の在り方

選挙権年齢の引下げが実現すると、高校生の一部が選挙権を持つことになります。そのため、これまでの一律に高校生の政治活動を禁止するなどしてきた教育内容を見直し、選挙権を有する高校生が混在することに配慮しながら、高校生の段階で主権者としての素養を身に付ける教育を充実させていくことが重要となりました。

主権者教育・政治教育の在り方については、第9章「法教育」にて詳細に解説していますので参照ください。

◎高校生の政治活動容認を通知＝集会やデモ解禁、学業優先－文科省

来夏の参院選から選挙権年齢が18歳以上に引き下げられることを受け、文部科学省は29日、高校生の政治活動を容認する新たな通知を出した。全面的に禁じた1969年の通知は廃止し、集会やデモへの参加を学業優先などの条件付きで認めた。学校の政治的中立は堅持し、校内での活動は抑制。教員にも公平な立場での指導を求めた。関係団体の意見を反映し、各学校がより前向きに取り組むよう、5日に公表した通知案から、趣旨や文言を明確化した。

高校生の政治活動は「（選挙権年齢引き下げは）若い人々の意見を政治に反映させることが望ましいという意図に基づくもので、国家や社会の形成に主体的に参加することが一層期待される」と明記。一方で、教育の観点から無制限には認められず、合理的な制約は必要とし、授業や部活など校内の活動に政治活動を持ち込むことは禁止した。

放課後や休日の活動は、違法や暴力的でない限り、家庭の理解の下、生徒の判断で行えるとしたが、学業への支障や他の生徒に影響を及ぼす場合は、

その程度に応じて制限が必要とした。同省は「校則などで一方的に禁止せず、学校や教育委員会が常識に照らして判断してほしい」としている。

政治に関する教育については「具体的かつ実践的な指導が重要」とし、模擬選挙などの積極的な実施を要望。ただ「教員の言動が生徒に与える影響は極めて大きい」とし、指導に際しては個人の主義・主張を出したり、特定の視点に偏った内容になったりしないよう戒めた。教員の立場を利用した政治活動は違法であることも強調した。

通知見直しは46年ぶり。高校でも教室封鎖や授業妨害が相次いだ当時と情勢が異なり、生徒の一部が有権者になるとして改めた。(了)
(平成27年10月29日付時事通信社WEB版記事)

◎政治的中立、悩む教師＝「生徒自ら調べ」カギに－18歳選挙権【16参院選】

18歳以上に選挙権年齢が引き下げられ、主権者教育の重要性が高まる中、教師は教育基本法が求める「政治的中立」の確保に頭を悩ませる。

(中略)

◇「どこまでOKか」

「中立性の部分が一番気に掛かる」「生徒に政策の賛否を聞かれたらどうすればいいのか」。今月9日、横浜市で開かれた模擬選挙の公開授業終了後、参加した教員からは質問が相次いだ。

文部科学省は昨年10月、都道府県委員会などに「教員は個人的な主義主張を述べることは避け、公正・中立な立場で生徒を指導する」と通知。

(中略)

神奈川県の公立高校の30代の社会科教諭は、2回の模擬投票の資料に選挙公報だけを使った。「何を配布していいかも悩む。選挙公報の内容も分かりやすく解説したいが、どこまで許されるのか」と困惑。広島県の男性高校教諭(46)は「(通知は)どこまでが政治的中立か分からず、授業に及び腰になる」と漏らした。(以下略)
(平成28年6月18日付時事通信社WEB版記事)

◎授業はどこまでOK？＝公選法規定に苦慮-18歳選挙権で教育現場【16参院選】

　選挙権年齢の18歳以上への引き下げにより、高校の授業などで思わぬ波紋が生じている。教材によっては、選挙期間中の文書図画頒布の制限などを規定した公選法に違反する恐れがあるためだ。18歳と17歳が混在する3年のクラスでは、選挙運動ができる生徒と禁止される生徒に分かれるため、教育現場は配慮に頭を悩ませている。

　教科書会社の清水書院は昨年、主権者教育の一環として高校の授業用にダウンロードできるワークシートを公開した。2014年の衆院選で一部政党が作ったマニフェスト（政権公約）がまとめられているが、表紙には「選挙期間中の授業では扱わないで下さい」と記載されている。

　文部科学省は「各政党の主張を平等に扱わない限り公選法に違反する恐れがある」としており、同社の担当者は「選挙期間中は全政党を平等に扱う必要があり、注意喚起した」と話す。

　選挙運動期間中のビラなどの配布にも、枚数や配布場所などさまざまな制限がある。文科省によると、期間中に教師が各政党のマニフェストなどを集めて生徒に配ると、公選法に抵触する恐れがある。主権者教育に詳しい明治大の藤井剛特任教授は「選挙期間中にマニフェストを教材とする場合、新聞の比較記事を使うのが無難だ」と話す。

　同じクラスでも、18歳の生徒は特定の候補者への投票を呼び掛けるなどの選挙運動が可能だが、17歳は禁止。「一緒に（票を）入れよう」と何気なく友達に言っても、17歳だと厳密には違反だ。「○○さんに投票してくれたらジュースをおごる」などと約束すると、持ち掛けた方も承諾した側も買収罪に問われる恐れがある。

　ある教育委員会は、管内の高校全てで参院選を想定した模擬投票を行うが、対象は選挙権を持たない1～2年のみ。担当者は「有権者とそうでない人が混在し、禁止されている選挙運動が行われる可能性があるため」と説明する。長野県選挙管理委員会は、独自に投票方法と合わせて選挙運動の注意点などを掲載したチラシを作成し、全高校に配布した。（了）

　藤井剛（ふじい・つよし）[時事通信社]
（平成28年6月29日付時事通信社WEB版記事（藤井剛））

(4) **選挙権年齢引下げに対応する少年法の特例の設置**

　選挙権年齢の引下げにより、少年法の対象である18歳、19歳の者も選挙活動が可能になります。そのため、選挙の公正確保と少年の保護の2つの要請の調和を図る目的で選挙犯罪の関係について少年法の特例が設けられました。

　選挙犯罪の中でも選挙の公正に重大な影響を与える買収等の選挙犯罪は、連座制により当選無効という重大な結果を生じさせます。そのため、違法な選挙活動をして検挙された18歳、19歳の者がいる場合、それに連座して当選無効となる者が生じる可能性があります。この18歳、19歳の者を少年法で原則保護処分としていたのでは選挙犯罪に対する抑止効果が弱まり、選挙の公正確保への悪影響が生じる懸念があります。

　そこで、少年の保護を図りつつ選挙の公正を確保するため、連座制にかかる事件を犯した少年については、少年法の適用外とするのではなく、現行の少年法の制度の下で、原則として検察官送致がなされるという制度（通常の刑事裁判手続を経ることによって連座制の適用手続の適正を厳格に図る）をとることにしたのです。

(5) **民法、少年法の年齢見直しの議論**

　以上の事情を受けて、そもそも民法や少年法の対象年齢の扱いについても改正すべきとの議論がさらに活発になりました。

　成年年齢については、前述のとおり、すでに「18歳への引下げを適当」とする旨の法制審議会の答申が出ているため、選挙権年齢に合わせて成年年齢を18歳に引き下げるべきだという議論がなされました（詳細な議論は、第2章「未成年者取消権」、第3章「親権・養育費」、第4章「未成年者後見制度」を参照）。

　他方で、少年法の対象年齢については、公職選挙法や民法などの一般的な法律における年齢の在り方も考慮に入れながらも、なお検討を要するとされました。少年法は、刑事司法全般において、成長過程にあり可塑性のある若年層をいかに取り扱うべきかという問題であって、必ずしも成年年

齢や選挙権年齢と平仄を合わせる必要はないとも考えられ、少年法固有の観点からの検討を行う必要があるとされたためです（詳細な議論は、**第7章「少年法」**を参照）。

(6) **被選挙権年齢の扱い**

　改正公職選挙法では、被選挙権（選挙を経て公職に就くことのできる権利）の年齢は改正されませんでした。被選挙権年齢は、従前どおり、衆議院議員、都道府県議員、市町村長及び同議会議員が25歳以上、参議院議員及び都道府県知事が30歳以上との規定が維持されています。その結果、「18歳以上」まで引き下げられた選挙権年齢との差が拡大することとなりました。

　この点については、一方で、被選挙権の前提となる選ばれる側の資質、経験や能力等は、一定の年齢に達していないと身に付かないものだから、選挙権年齢と被選挙権年齢には一定の差があってしかるべきだという意見があります。

　他方で、その差については是正の必要があるという意見も出てきており、現在は、被選挙権年齢も引き下げる方向で公職選挙法改正の動きが進みつつあります（後述4[3]参照）。

(7) **裁判員の対象年齢についての特例**

　裁判員の対象年齢は、「20歳以上」という従来の制度が維持されました。裁判員の対象年齢の引下げは、選挙権年齢引下げの際にはほとんど議論されず、現状維持とすることについて大きな異論は出なかったようです。

　その理由には、有罪無罪や量刑の判断にはある程度の社会経験が必要であることなどが挙げられます。司法参加を認めるには社会経験が足りないという意見の背景には、18歳や19歳の者を完全に大人として扱うことへの躊躇があるように感じます。

　なお、前記の公職選挙法の改正議論の際には、「少年法の適用を受ける者が、人を裁く立場になるのは妥当ではない」という意見も出ていたそうです。

成年年齢や少年法の適用範囲の引下げが実現しなければ、裁判員の対象年齢の引下げの実現はなさそうです。

◎選挙権はあるけれど…裁判員も18歳から？　割れる意見

　7月の参院選から国政選挙では初めて有権者が18歳以上となる一方、これまで「有権者」から選ばれてきた裁判員は「20歳以上」のまま据え置かれた。「投票ができるなら裁判員もできる」「18歳が被告を裁くのは荷が重い」。引き下げをめぐる裁判員経験者や専門家の意見は分かれており、今後、議論が盛り上がっていきそうだ。

　「若者の立場から発言ができた」。大学時代、東京地裁で強盗致傷事件の裁判員を務めた男性（23）は振り返る。分かりにくい法律用語は裁判官から細かく説明を受け、「若い自分でも難しいとは思わなかった」と語る一方、「人を裁き、厳罰を下すこともある責任の重さも実感した。経験が乏しい18歳が果たせるのかは不安もある」と明かす。

　裁判員法は「衆院選の選挙権を持つ人」が裁判員になれると規定。昨年6月成立の改正公選法で選挙権が18歳以上に広がったが、裁判員については「当分の間」20歳未満を対象から外すことが同法付則に盛り込まれた。

　地裁は自治体の選挙人名簿をもとに裁判員候補者の名簿を作っているが、今後は18、19歳を除外することになる。

　年齢の引き下げの見送りについて、国会の審議では「少年法の適用を受ける者が、人を裁く立場になるのは妥当ではない」との理由が示された。法務省幹部は「少年法の適用年齢、民法の成人年齢の引き下げと並行して裁判員も検討が進むだろう」と話す。

　専門家の間でもさまざまな見方がある。

　裁判員制度の設計に携わった四宮啓・国学院大教授（刑事司法制度）は「国民が主権者として、重大な事件の裁判に参加することが制度の理念。18歳以上が重要な国の行方を判断できると認められるなら、当然裁判員の資格も認めるべきだ」と強調。「幅広い世代が加わることで、量刑などを話し合う評議も充実する」と語る。

　一方、元東京高裁部総括判事の角田正紀・日本大教授は引き下げに慎重な立場。「いろいろな事情に目を配り、有罪・無罪や量刑を判断するにはある程度の社会経験が求められる。高校3年生が言い渡した刑を被告や関係者が納得して受け入れるか懸念もある」と指摘する。

年齢の引き下げの是非は裁判員の役割をどう考えるかという制度の根幹につながる問題だ。龍谷大の石塚伸一教授（刑事法）は「さらに議論が必要。中高生らへの法教育のレベルが上がって若者が裁判員裁判をリードするようになれば、引き下げにもつながるはずだ」と話している。
（平成28年6月27日付日本経済新聞電子版）

4　改正公職選挙法施行後の状況

[1]　選挙権年齢の引下げによる有権者の増加

　選挙権年齢の引下げにより18歳と19歳の者が有権者に加わりました。

　平成28年9月1日現在の20歳以上の日本人人口は、約1億346万人です（総務省統計局）。ここに18歳と19歳の約239万人が有権者に加わることで、選挙権年齢引下げにより有権者が約2.2％増加したことになります。

[2]　18歳及び19歳の平成28年7月の参議院議員通常選挙投票率

　総務省の調査結果によると、選挙権年齢の引下げにより、新たに有権者となった18歳及び19歳の投票率は全体で46.78％（18歳が51.28％、19歳が42.30％）でした。

> ◎7月の参院選投票率、18歳51％・19歳42％　総務省が全員調査
>
> 　総務省は9日、7月の参院選で新たに有権者となった18～19歳の投票率が46.78％だったと発表した。18歳は51.28％、19歳は42.30％だった。全国の対象者239万人全員について調査した。18～19歳は有権者全体の投票率の54.70％より、約8ポイント低かった。高知や宮崎など西日本を中心に14県で投票率が30％台にとどまった。
>
> 　参院選は国政選挙で初めて選挙権が「18歳以上」に引き下げられた。全体の0.5％の有権者を対象にした抽出調査は既に公表していたが、詳細なデータを得るため全員調査を実施した。
>
> 　18歳に比べて19歳の投票率が低かった原因は「大学進学などで住民票を移さず親元を離れた人が、あまり投票しなかった」と指摘する声がある。

> 都道府県別に18～19歳の投票率を見ると、最高は東京都の57.84%、最低は高知県の30.93%。
> 総務省は20歳以上の年齢別投票率も一部の有権者を抽出して調査した。20～24歳は33.21%、25～29歳は37.91%、30～34歳は41.85%で、18～19歳は若年層では最も高い水準だった。70～74歳は73.67%、65～69歳は71.65%と7割超だった。
> （平成28年9月9日付日本経済新聞電子版）

[3] 被選挙権年齢引下げの議論

各政党では、昨年から被選挙権年齢引下げに向けた活動が行われています。

平成28年には、10月に、日本維新の会が国政と地方の被選挙権を一律で18歳以上に引き下げる公職選挙法改正案などを参議院に提出し、11月に、民進、自由、社民の野党3党が被選挙権を一律に5歳引き下げる公選法改正案などを衆議院に共同提出しました。また、自民党も平成28年11月に、国政と地方の選挙に立候補できる被選挙権年齢を引き下げる検討を始めているとの報道がなされています。

> ◎自民、被選挙権年齢引き下げの検討に着手
> 自民党は22日、国政と地方の選挙に立候補できる被選挙権年齢を引き下げる検討を始めた。同日開いた選挙制度調査会で、関連法案を早期に国会に提出する方針を確認。引き下げ幅を詰め、早ければ2017年の通常国会に公職選挙法や地方自治法の改正案を出す。
> 同党は被選挙権年齢の引き下げ検討を7月の参院選の公約に掲げた。民進、自由、社民の野党3党は11月、国政選と地方選で一律に5歳引き下げる公選法改正案などを衆院に共同提出。日本維新の会も10月、一律で18歳以上に下げる同法改正案などを参院に提出した。
> （平成28年11月22日付日本経済新聞電子版）

[4] 若者向け政策提言の活発化

これまでは、人口も多く、投票率も高い高齢者に有利な政策を進めたほ

うが票を稼ぎやすいという理由から各政党の公約も高齢者を重視した内容に偏るという傾向を否定できませんでした。こうした現象は「シルバー民主主義」と揶揄されてきたりもしました。

しかし、選挙権年齢が引き下げられて1年が経ち、選挙権年齢引下げの意義を重視し、若者向けの政策を提言する動きも徐々に活発化してきているようです。

> ◎若者、政治を動かすか—18歳選挙権で機運、政策実現は道半ば
>
> 選挙権年齢が「20歳以上」から「18歳以上」に引き下げられ、6月で1年になる。若年有権者が増えることで、高齢者偏重の「シルバー民主主義」が変わるかもしれない—。そんな期待のもと、これまで投票率が低かった20〜30歳代などを中心に若者向けの政策を提言する動きが出てきた。政党も支持層を広げるため、具体策の検討を始めている。果たして政治は変わるのか。(以下略)
> (平成29年4月7日付日本経済新聞電子版)

[5] その他

> ◎高校生、参院選投票へ文化祭「中抜けOK」
>
> 選挙権年齢が18歳以上に引き下げられた7月の参院選で、学校行事などが投開票日と重なる高校3年生が投票できるように教育現場が工夫している。期日前投票の呼びかけだけでなく、文化祭や部活動を中抜けして投票することを認めたり、当日の試合数を少なくしたりするという。一方、選挙期間が航海実習中の生徒は投票できないという制度の不備も浮上している。(以下略)
> (平成28年6月29日付日本経済新聞電子版)

> ◎高校・大学内の期日前投票所、全国98カ所に急増　参院選
>
> 参院選の期日前投票で、高校や大学など校内を使った投票所の数が全国で98カ所に上っていることが総務省の調査で分かった。2013年の前回参院選

では「幼稚園・学校」が5カ所にとどまったが、投票できる選挙権年齢が18歳以上に広がり、生徒や学生に投票を呼びかけるため校内に設置する自治体が増えた。(以下略)
(平成28年6月25日付日本経済新聞電子版)

〈参考資料〉

- 「私たちが拓く日本の未来」総務省・文部科学省 2015年(平成27年)9月(http://www.soumu.go.jp/senkyo/senkyo_s/news/senkyo/senkyo_nenrei/01.html)
- 「民法の成年年齢の引下げについての意見」法制審議会 2009年(平成21年)10月(http://www.moj.go.jp/content/000069850.pdf)
- 「法制審議会 民法成年年齢部会」各議事録(http://www.moj.go.jp/shingi1/shingi_seinen_index.html)
- 「民法の成年年齢の引下げに関する意見書」日本弁護士連合会 2016年(平成28年)2月(http://www.nichibenren.or.jp/library/ja/opinion/report/data/2016/opinion_160218_3.pdf)
- 「民法の成年年齢引下げに伴う消費者被害に関する意見書」日本弁護士連合会 2017年(平成29年)2月(https://www.nichibenren.or.jp/library/ja/opinion/report/data/2017/opinion_170216_06.pdf)
- 「民法の成年年齢の引下げについて」法務省民事局 2013年(平成25年)6月(http://www.shugiin.go.jp/internet/itdb_kenpou.nsf/html/kenpou/1830606houmu-siryou.pdf/$File/1830606houmu-siryou.pdf)
- 「選挙権年齢の18歳以上への引下げ－公職選挙法等の一部を改正する法律の成立－」総務委員会調査室天池恭子 2015年(平成27年)10月(http://www.sangiin.go.jp/japanese/annai/chousa/rippou_chousa/backnumber/2015pdf/20151001003.pdf)
- 「憲法改正国民投票法案～日本国憲法の改正手続に関する法律案～」日本国憲法に関する調査特別委員会及び憲法調査会事務局岩波祐子 2007年(平成19年)4月(http://www.sangiin.go.jp/japanese/annai/chousa/rippou_chousa/backnumber/2007pdf/20070420109.pdf)
- 「日本国憲法の改正手続に関する法律案をめぐる議論～参議院日本国憲法に関する調査特別委員会の活動経過～」日本国憲法に関する調査特別委員会及び憲法調査会事務局宮下茂・諸橋邦彦 2007年(平成19年)7月(http://www.sangiin.go.jp/japanese/annai/chousa/rippou_chousa/backnumber/2007pdf/20070706056.pdf)
- 「人口推計－平成29年2月報－」総務省統計局 2017年(平成29年)2月(http://www.stat.go.jp/data/jinsui/pdf/201702.pdf)
- 「日本国憲法の改正手続に関する法律(憲法改正国民投票の投票権年齢に関する検討条項)に関する参考資料」衆議院憲法審査会事務局 2012年(平成24年)2月(http://www.shugiin.go.jp/internet/itdb_kenpou.nsf/html/kenpou/shukenshi073-1.pdf/$File/shukenshi073-1.pdf)

- 「高等学校等における政治的教養の教育と高等学校等の生徒による政治的活動等について(通知)」文部科学省 2015年(平成27年) 10月 (http://www.mext.go.jp/b_menu/hakusho/nc/1363082.htm)

第 2 章

未成年者取消権

弁護士 白石 裕美子（しらいし ゆみこ）

【略歴】
平成 17 年　弁護士登録（第一東京弁護士会）
平成 23 年 8 月～平成 25 年 11 月　消費者庁消費者安全課事故調査室
　　　　　　　　　　　　　　　　課長補佐

【所属・公職等】
東京市民法律事務所
第一東京弁護士会 消費者問題対策委員会副委員長
日本弁護士連合会 消費者問題対策委員会幹事

【主な著作】
『逐条解説 消費者安全法（第 2 版）』（共著、平成 25 年、商事法務）
『消費者行政法』（共著、平成 28 年、勁草書房）

第1節 成年年齢の引下げと未成年者取消権の関係

1 成年年齢の引下げにより生じ得る具体的事例

　民法の成年年齢が満18歳に引き下げられると、どのようなことが起こるのでしょうか。18歳になったばかりの高校3年生のAさんについて、見てみましょう。

① 　ある日街を歩いていたら、「英会話に興味ない？」と話しかけられました。話を聞いてみると、すぐに英会話が上達する英会話教室があるとのこと。とても素晴らしい授業だと説明され、進学したら留学したいと考えていたAさんはついつい受講したくなりましたが、10万円もすると聞いて、「そんなお金ありません。」と断りました。すると、「毎月3,000円の分割払いにすれば、お小遣いからでも払えるでしょう。」といわれ、受講契約とクレジット契約を締結しました。でも、落ち着いて考えてみると、しばらくは受験勉強をしなければならないし、10万円は高かったのではないかと思い直しています[1]。

> [1] 本設問に関しては、未成年者取消権に焦点を当てて解説しますので、未成年者であっても未成年者取消権を行使できず、成人同様クーリング・オフ等の制度を利用することに関する解説は省略します。クーリング・オフについては、第3節2[1]参照。

② 　友達に、人気アイドルグループのコンサートのチケットが手に入ったから一緒に行こう、と誘われました。Aさんがチケット代や着ていく洋服を買うお金がないというと、友達に、「お金を借りればいい。」といわれ、消費者金融会社に連れて行ってくれました。Aさんは、コンサートに行きたい一心で、5万円を借りてしまいましたが、今後、

返済が不安になり、やはりコンサートは諦めてお金を返すべきではないかと思うようになりました。

以上のいずれの場合についても、成年年齢が18歳に引き下げられると、Aさんは成年者として英会話教室の受講契約やクレジット契約（①）、金銭借入れの契約（金銭消費貸借契約②）を締結したことになります。このため、次項で述べるように、事後的に、従前認められてきた未成年者取消権による契約の取消しができなくなり、Aさんはクレジット契約や借入契約に従って、クレジット代金の支払いや利息を含めた返済をしなければなりません。

2 未成年者取消権が行使できなくなることの意義

民法の成年年齢が18歳に引き下げられると、18、19歳の若者も成年者として一人で契約を締結できるようになります。

このことは、2つの意味を持ちます。1つは、親の同意を得ることなく（親の干渉を受けずに）、自分で判断して自由に契約を締結できるようになるということです。もう1つは、自分が締結した契約については、自分で責任を取らなければならない（あるいは、不都合が生じても未成年であることを理由とする保護を受けられない）ということです。

このため、18歳のAさんは、親の同意なく自分の意思だけで、英会話教室の受講契約とその支払いのためのクレジット契約、消費者金融との金銭消費貸借契約を自由に締結できました。けれども、英会話教室が高かったと後悔したり、返済が不安になったとしても、契約上の責任を負い、これをなかったことにはできません。これに対し、民法の成年年齢が20歳であれば、18歳のAさんは未成年者なので、自らまたは親権者である親などが未成年者取消権（民法5②、120）を行使して、受講契約とクレジット契約、消費貸借契約を取り消すことができます。

本章では、民法の成年年齢を18歳に引き下げることにより、18、19歳の若者が未成年者取消権を行使できなくなることの影響について、考えてみたいと思います。

第2節 未成年者取消権と成年年齢引下げの影響

1 未成年者取消権とは

[1] 現行民法の定め

　民法第5条第1項は、「未成年者が法律行為をするには、その法定代理人の同意を得なければならない。」と定め、同条第2項において「前項の規定に反する法律行為は、取り消すことができる。」と定めています。つまり、未成年者の法律行為（契約が代表的なものです）のうち、法定代理人（多くの場合は、親）の同意を得ていないものは、事情のいかんにかかわらず、取り消すことができます。

　成年者として自由に「一人で契約を締結できる」ことには、反面重い責任が伴います。このため、この責任を負わせるのに十分な判断能力が必要です。そこで、一般に判断能力が未熟な未成年者を保護するため、民法はこのように強力な未成年者取消権を定めたのです。

　もっとも、これには例外があります。例えば、「単に権利を得、又は義務を免れる法律行為」は、法定代理人の同意は不要です（民法5①但書）。また、「法定代理人が目的を定めて処分を許した財産」（学費など）をその目的の範囲内で処分することや「目的を定めないで処分を許した財産」（お小遣いなど）を処分することも、法定代理人の同意は不要です（民法5③）。これらの場合、一般に未成年者に不利益がないと考えられるため、未成年者取消権の対象となりません。

[2] 未成年者取消権の効果

　未成年者取消権の行使によって取り消された法律行為は、初めから無効

であったものとみなされます（民法121）。例えば、法定代理人の同意なしに未成年者が締結した契約が取り消された場合、契約上の代金等の支払債務から免れ、それまでに契約に従って支払った代金等があれば返還を受けることができます。

　未成年者取消権には、このような直接的な効果に加え、事業者が未成年者と単独で契約することを事実上抑止するという効果もあります。法定代理人の同意なく未成年者と契約をすると、未成年者取消権によって取り消される可能性があるので、事業者は不安定な立場に置かれます。このため、事業者は通常、未成年者と契約する場合には法定代理人の同意を確認してから契約します。つまり、民法は、事後的に法律行為を取り消すことができると定めているだけですが、事実上、契約の相手方である事業者が、一人で完全な契約ができない未成年者と契約すること自体を控える、という効果ももたらす場合があるのです。

　これにより、逆に、事業者の取引の安全も保護されます。事業者は、個々人の判断能力の程度を考慮することなく、顧客が一定の年齢に達しているかどうかを確認すれば完全な契約ができると判断できるからです。一方で、これは、未成年者の側からみれば、「一人では契約できない（させてもらえない）」ことを意味し、その自由を制限しているともいえるでしょう。

2　成年年齢引下げの影響

　成年年齢が18歳に引き下げられると、18、19歳の若者は未成年者取消権を行使できなくなります。これは、裏を返すと、18、19歳の若者が自由に一人で契約を締結でき、かつ、取引の相手方も取り消される懸念なくこのような若者を契約の相手方として扱うようになることを意味します。

[1]　メリット

　18、19歳の若者が、親の同意なく、自分の判断で自由に契約できることにはメリットがあります。

例えば、進学や就職で親元を離れて一人暮らしをするために住居を賃借する場合、これまでは遠方に住む親に来てもらって賃貸借契約に同意してもらったり、賃貸借契約書に同意した旨の署名・押印をしてもらった上で送り返してもらったりするなどの手続が必要でした。このため、すぐに一人暮らしを始める必要があってもなかなか契約が締結できない、という不便さや煩わしさがありました。しかし、成年年齢が引き下げられれば、このような事態は解消されます。

　また、18歳になれば、自らが契約の当事者（主体）になることができるので、若者自身が経済や消費に対して今よりも高い関心や自覚を持ち、より積極的に社会活動へ参加するようになることが期待されます。

[2] デメリット

　一方で、18、19歳の若者が、自分の締結した契約について責任を負うことになり、場合によってはこれまで想定されていなかったデメリットが生じることも考えられます。**第1節**1で紹介した事例のAさんについてみると、契約した英会話教室の受講料が実際には不当に高価なものであることが判明したとしてもクレジット代金を支払い続けなければなりませんし、いったん借りたお金は利息も含めて返済しなければなりません。

　特に、これが、悪質な事業者による消費者被害に該当する場合であれば、18、19歳の若者にとって、問題は深刻になるおそれがあります。例えば、**第1節**1の事例①で、Aさんが契約した英会話教室では、外国人講師によるレッスンがうたい文句だったのに、日本人講師のレッスンしか受けられなかったり、自由にレッスン日の予約ができるということだったのに、予約しようとしてもほとんど予約ができない場合は、どうでしょうか。

　もちろん、いわゆる消費者被害は、若者に限らず、年齢を問わず、繰り返し発生しています。しかし、とりわけ、成年年齢を引き下げることにより、18、19歳の若者について、消費者被害に対する未成年者取消権による保護ができなくなり、被害が拡大することが懸念されています。その理由について、次に詳しく見ていきたいと思います。

3 若者の消費者トラブルの現状

[1] 消費者取引に関する相談件数

独立行政法人国民生活センターの平成28年10月27日付報道発表[2]によると、全国の消費生活センター等に寄せられる消費者からの取引に関する相談のうち、18〜19歳からの相談件数は年間5,000〜6,000件であるのに対し、20〜22歳からの相談件数は年間8,000〜9,000件と急増しています（図表1参照）。

　[2]　http://www.kokusen.go.jp/pdf/n-20161027_1.pdf

これらの相談（消費者トラブル）のすべてが消費者被害とは限りませんが、一定の割合では被害事案が含まれていると考えられます。このため、このように大きく相談件数が増加していることから推察すると、成人（20歳）に達すると同時に、消費者被害に遭う人も大きく増加しているのではないかと考えられます。

【図表1】契約当事者18歳〜22歳の年度別相談件数（平均値）

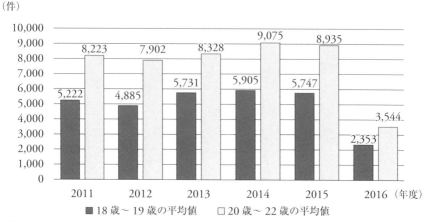

（出所：独立行政法人国民生活センター）

【図表2-1】18歳～19歳の商品・役務(上位15位)

男性(総件数:33,563件)			女性(総件数:25,711件)		
順位	商品・役務	件数	順位	商品・役務	件数
1	アダルト情報サイト	11,664	1	アダルト情報サイト	6,769
2	テレビ放送サービス(全般)	2,269	2	テレビ放送サービス(全般)	1,434
3	出会い系サイト	2,114	3	出会い系サイト	1,248
4	デジタルコンテンツ(全般)	1,316	4	デジタルコンテンツ(全般)	1,167
5	賃貸アパート	889	5	賃貸アパート	843
6	他のデジタルコンテンツ	812	6	他のデジタルコンテンツ	822
7	新聞	730	7	他の健康食品	611
8	普通・小型自動車	654	8	携帯電話サービス	495
9	携帯電話サービス	543	9	財布類	483
10	光ファイバー	527	10	相談その他(全般)	408
11	オンラインゲーム	489	11	脱毛エステ	393
12	相談その他(全般)	446	12	新聞	332
13	商品一般	438	13	光ファイバー	297
14	自動車運転教習所	390	14	商品一般	296
15	オートバイ	317	15	コンサート	295

(出所:図表1と同じ)

[2] 消費者トラブルの内容

　そして、消費者トラブルとなっている契約の内容を見ると、18～19歳では相談内容の上位に入っていなかった「フリーローン・サラ金」、「他の内職・副業」(サイドビジネス商法などがこれに該当します)、「教養娯楽教材」などが、20～22歳では上位に入っています。また、特に女性の相談には、「脱毛エステ」、「痩身エステ」、「美顔エステ」、「エステティックサービス(全般)」、「医療サービス」(美容医療が含まれます)といった各種エステに関する相談件数が20～22歳になると非常に多くなっています(**図表2-1、2-2参照**)。

　また、販売購入形態を見ると、相談内容の約6割が通信販売(主にインターネットでの通販と考えられます)である18～19歳と比べ、20～22歳では、店舗購入(対面販売)やマルチ取引の割合が増加しています(**図表3参照**)。

【図表 2-2】20 歳〜22 歳の商品・役務（上位 15 位）

	男性（総件数：66,659 件）			女性（総件数：70,754 件）	
順位	商品・役務	件数	順位	商品・役務	件数
1	アダルト情報サイト	10,967	1	アダルト情報サイト	9,594
2	賃貸アパート	3,826	2	賃貸アパート	3,877
3	出会い系サイト	3,342	3	脱毛エステ	3,062
4	フリーローン・サラ金	2,777	4	出会い系サイト	2,952
5	デジタルコンテンツ（全般）	2,302	5	デジタルコンテンツ（全般）	2,572
6	普通・小型自動車	2,129	6	痩身エステ	2,139
7	商品一般	1,752	7	他のデジタルコンテンツ	1,899
8	携帯電話サービス	1,601	8	美顔エステ	1,674
9	他のデジタルコンテンツ	1,424	9	携帯電話サービス	1,417
10	光ファイバー	1,281	10	商品一般	1,358
11	テレビ放送サービス（全般）	1,160	11	エステティックサービス（全般）	1,351
12	他の内職・副業	1,015	12	フリーローン・サラ金	1,277
13	相談その他（全般）	924	13	医療サービス	1,176
14	教養娯楽教材	914	14	テレビ放送サービス（全般）	970
15	モバイルデータ通信	863	15	モバイルデータ通信	920

（出所：図表 1 と同じ）

【図表 3】販売購入形態別の相談件数と割合

販売購入形態	18 歳〜19 歳（総件数：55,874 件）		20 歳〜22 歳（総件数：126,202 件）	
	男	女	男	女
通信販売	20,271（64.4%）	15,283（63.5%）	27,279（45.3%）	28,800（44.0%）
店舗購入	5,776（18.4%）	5,468（22.7%）	17,971（29.8%）	24,858（38.0%）
訪問販売	4,400（14.0%）	2,738（11.4%）	6,504（10.8%）	6,756（10.3%）
マルチ取引	465（1.5%）	152（0.6%）	6,000（10.0%）	3,032（4.6%）
電話勧誘販売	321（1.0%）	245（1.0%）	1,641（2.7%）	1,217（1.9%）
その他	229	181	826	821

（出所：図表 1 と同じ）　　　　　　　　　　　　　　　（不明・無関係除く）

　これらを総合すると、未成年者と異なり、成人に達した若者は、アポイントメント取引やマルチ取引によって、教材やエステなどの契約をしてしまい、消費者トラブルに遭っていることが分かります。そして、その支払

いのために借金をして、返済に困って相談に至るケースも実務上しばしば見受けられます。

その結果、相談対象となった既支払金額の平均額も、18〜19歳の男性が約15万円、女性が約12万円であるのに対し、20〜22歳の男性は約29万円、女性が約17万円と高額になっています。

4 成年年齢引下げと消費者被害拡大のおそれ

[1] 消費者トラブルの現状から考察

このような統計から推察される現状としては、若者が成人に達した途端に消費者被害に遭うケースが急増し、その手段や内容も多様化して、被害が高額化する傾向が否定できないのではないかと思われます。実務上も、消費者問題を担当する弁護士等が、成人に達したばかりの20代前半の若者をターゲットにした消費者被害の相談を受けることはしばしばあります。

そして、民法の成年年齢が18歳に引き下げられると、単純に考えれば、このような被害が18〜19歳の若者に広がると考えてもあながち間違いではないと予想できます。

[2] 未成年者取消権の効果からの考察

前記1[2]で述べたとおり、未成年者取消権には直接的効果（契約を事後的に無効とすること）と間接的な抑止的効果（未成年者との契約を事実上抑制すること）があります。

消費者被害について、この直接的効果が被害回復の有効な手段であることはいうまでもありません。前記3のように、現在でも未成年者である18〜19歳の消費者被害に関する相談はありますが、多くの場合、未成年者取消権を行使することで、迅速な被害回復が図られています。

他方、成人（20歳）を境に消費者トラブルの件数が急増する要因として、成人したことにより未成年者取消権の間接的な抑止的効果が失われることが挙げられます。悪質な業者であっても、未成年者取消権があるため、未

成年者は勧誘の対象から外したり、契約時に未成年者であることが判明すると契約を中止したりします。そして、20歳の誕生日が過ぎてから再度勧誘したり、誕生日が過ぎた日にもう一度来店するよう約束させて、その若者が20歳になるのを見計らって、改めて契約させるのです。

このように、実務上、未成年者取消権は、未成年者を消費者被害から守る上で直接的にも間接的にも大きな威力を発揮しています。しかし、民法の成年年齢が引き下げられると、18、19歳の若者についてこれらの効果が働かなくなります。その結果、18、19歳の若者が次々と悪質業者のターゲットとされてしまうことが予想されるのです。

[3] 被害額の高額化（与信を伴う被害）

若者の多くは、成年であっても、学生であったり、社会に出て間もなかったりするため、預金等の蓄えがないことが多いでしょう。このため、若者が消費者被害に遭う場合、クレジットカード決済などの分割払いを利用させられたり、消費者金融等から借入金で代金を支払わされたりします。

この点、成年年齢が20歳の場合は、18、19歳の若者がクレジットカードを作成したり借入れをしたりするには、親の同意が必要です。このため、容易にクレジットカードを作成したり借入れをしたりすることができず、結果としてそのような被害に遭い難くなっているともいえます。

しかし、成年年齢が引き下げられると、18、19歳の若者も自分一人でクレジットカードを作成したり、借入れをしたりすることができます。このため、18、19歳の若者が消費者被害に遭う場合、単に商品等について被害を受けるだけでなく、本人の資力や収入に見合わない多額の支払義務を負ってしまうという被害も受けるおそれがあるのです。

5　18、19歳の若者特有の事情（要保護性）

[1]　消費者被害が生じる仕組み

消費者取引を行う場合、消費者に適切な選択ができるだけの情報が与えられ、適切な選択をできるような環境（十分に検討する時間、冷静に判断で

きる周囲の環境）が整っていなければ、その消費者にとって本当に必要なもの（契約）なのか、代金額相当の価値があるもの（契約）なのか、適切に判断することができません。ところが、通常の消費者取引においては、事業者が有している情報に比べて、消費者が有している情報は量的にも質的にも劣っています。このため、多くの事業者は、消費者が適切に判断できるよう、必要な情報を提供したり、環境を整える等の配慮をしています（説明すべき事項等が法律で定められ、事業者がその義務を負う場合もあります）。

　しかし、このような配慮が足りない場合、もしくは悪質業者がこのような情報の格差を利用して利益を得ようとする場合、消費者は適切な判断ができずに契約してしまい、被害が発生するというのが消費者被害の一般的な構造です。

　このように、消費者被害は、18、19歳に限らず、あらゆる年齢について生じ得るものですが、それに加えて、18、19歳の若者に消費者被害が拡大する危険性には、次のような点が挙げられます。

[2]　被害が拡大しやすい環境

　インターネットや携帯電話、SNSなどの普及により、特にこれらを頻繁に利用する若者が接することができる情報量は、これまでと比較にならないくらい増加しています。その半面、これらを利用する悪質業者の手段も、より複雑かつ巧妙になっていて、例えば、一見契約の勧誘であることすら分からないようなものもあります。このため、社会経験が乏しいにもかかわらず、このような情報ツールを使いこなしている18、19歳の若者が、警戒心を持つことなく消費者被害の端緒に接する機会も増えています。

　また、特に18、19歳の若者については、彼らを取り巻く環境も特殊です。例えば、多くの者が18歳になるのは高校3年生のときです。また、その後、進学や就職などにより新しい環境に身を置く者、これらに伴い一人暮らしを始める者も数多く存在します。このため、高校のクラス内で口コミによる勧誘が広がったり、進学・就職先の先輩後輩という断りづらい人間関係

の中でマルチ取引が拡大したり、一人暮しを始めたばかりで勧誘等を受けた際に相談する相手がいなかったりなど、他の年代よりも消費者被害が拡大しやすい状況にあるともいえます。

このような状況を前提にすると、成年年齢が引き下げられれば、現在20歳以上の若者に生じているよりも多くの被害が、18～19歳の若者に発生する可能性があるのではないかとの指摘がなされています。

[3] 被害の影響

そして、このような高校3年生や進学・就職したばかりの18、19歳の若者が消費者被害に遭うと、経済的な負担のみならず、精神的な負担が生じ得ることも見逃せません。

例えば、被害について誰にも相談できずに悩んだり、支払いのために無理なアルバイトや更なる借入れをしてしまったりすることは容易に想像できます。その結果、体調を崩してしまったり、学業や仕事等の日常生活に影響が出てしまったり、最悪の場合には、進学や就職に悪影響が出るなど、若者の将来にも影響が出てしまうかもしれないのです。

6 被害拡大への対策の必要性

民法の成年年齢が18歳に引き下げられると、18、19歳の若者であっても、親の同意なく契約ができるようになります。これには、これまで見てきたように、メリットもありますが、デメリットもあります。

特に、18～19歳の若者に消費者被害が拡大するおそれについては、若者が被害に遭った場合の影響の重大さに鑑みても、十分な対策が必要です。

そこで、次節では、若者の消費者被害を防止するための対策について検討します。

第3節

若者の消費者被害を防止するには

　若者の消費者被害を防止するために必要な対策としては、消費者教育（未然防止）と被害回復（事後救済）を充実させることが挙げられます。

　この点、被害の未然防止だけでなく、被害に遭ってしまったとしても、その被害をきちんと回復することは、悪質業者に利益を得させないようにすることで、次の消費者被害を予防することに繋がるという意味でも重要です。

　このように消費者教育と被害回復は、いわば「車の両輪」のように、いずれも消費者被害を防止するために不可欠なものです。

1 消費者教育の充実

[1] 消費者教育をめぐる最近の情勢

　かつて多くの被害をもたらした豊田商事事件のように、世間を騒がす消費者被害事件はこれまでにも度々発生しています。また、全国の消費生活センター等には、毎年80〜90万件の相談が寄せられており、消費者被害は後を絶ちません。このような消費者被害を防止するため、以前から消費者教育の必要性が説かれていました。

　例えば、平成16年に改正された消費者基本法は、「消費者に対し必要な情報及び教育の機会が提供され…ることが消費者の権利であることを尊重する」とし（同法2①）、国に対して「消費者に対する啓発活動を推進するとともに、…消費生活に関する教育を充実する等必要な施策を講ずる」ことを求めています（同法17①）。

　さらに、この考えを一歩進める形で、平成24年8月、「消費者教育の

推進に関する法律」(消費者教育推進法)が成立しました(同年 12 月 13 日施行)。この消費者教育推進法は、消費者に消費者教育を受ける権利があることを明記し(同法 1)、国や地方公共団体に消費者教育の推進に関する施策を策定し、実施する責務があると定めています(同法 4、5)。

　この消費者教育推進法の制定により、後述【3】のように、消費者教育に関する新たな施策や取組みが実施されるようになり、日本の消費者教育は新たな局面に入ったということができます。

[2]　消費者教育の内容～消費者市民教育
(1)　消費者教育の具体的内容

　ところで、消費者教育は、具体的にはどのような内容なのでしょうか。

　従前、消費者教育は「消費者被害を防止すること」を中心に考えられてきました。このため、最近発生している消費者被害(悪質商法)の手口を伝え、その対応策を教えていました。もちろん、今でも被害防止が大切な視点であることに変わりはありません。けれども、次々に新しい手口による被害が発生する中で、このような手法には限界があると考えられるようになりました。

　そこで提唱されるようになったのが「消費者市民社会を実現するための教育」である「消費者市民教育」です。この消費者市民教育という考え方は、消費者教育推進法にも反映されています。

　具体的には、同法第 2 条第 1 項は、「この法律において『消費者教育』とは、消費者の自立を支援するために行われる消費生活に関する教育(消費者が主体的に消費者市民社会の形成に参画することの重要性について理解及び関心を深めるための教育を含む。)及びこれに準ずる啓発活動をいう。」と定めています。

　そして、この「消費者市民社会」について、同条第 2 項では「この法律において『消費者市民社会』とは、消費者が、個々の消費者の特性及び消費生活の多様性を相互に尊重しつつ、自らの消費生活に関する行動が現在及び将来の世代にわたって内外の社会経済情勢及び地球環境に影響を及

ぼし得るものであることを自覚して、公正かつ持続可能な社会の形成に積極的に参画する社会をいう。」と定めています。

(2) 消費者市民教育とは

そもそも消費は、人々の生活の中で営まれるものであり、商品やサービスも社会的な仕組みの中で生産・供給されています。そして、商品やサービスを購入することは、それを提供する事業者への投票であるといわれるように、消費行動は社会に大きな影響力を持ち得るものです。

このため、これまでのように「消費者」を受動的な存在ととらえるのではなく、主体的に活動する能動的な存在としてとらえ、このような能動的な消費者によって公正で持続可能な社会を形成することを目指す「消費者市民社会」を実現することが、消費者被害をなくすために有効だと考えられるようになりました。そして、消費者教育についても、この消費者市民社会を実現するための教育「消費者市民教育」が必要だと考えられるようになったのです。

このような消費者市民教育の内容は多岐にわたりますが、1つのアプローチとしては、一人ひとりの消費者が、社会の中における消費のあり方について考え、かつ、表面的な情報・宣伝に惑わされることなく、批判的な精神をもって消費行動をとることを可能にする教育、ということができます。このような消費行動をとることができれば、悪質業者の新たな手口にも対応することができると考えられます。

[3] 具体的な取組み

上記のような消費者教育推進法の制定により、消費者庁を中心に、消費者教育を推進するための様々な取組みが行われてきました。

以下でその一部を紹介します。

(1) 基本方針の策定

消費者教育推進法第9条を受けて、平成25年6月28日、「消費者教育の推進に関する基本的な方針」が閣議決定されました。

ここでは、消費者教育推進の基本的な方向として、消費者教育を体系的

に推進することや様々な担い手が連携・協働することを目指すことなどが明確にされました。

なお、平成29年度には、この基本方針の見直しが予定されています。

(2) **消費者教育推進会議の設置**

消費者教育推進法第19条を受けて、平成25年12月、消費者庁に消費者教育推進会議が設置されました。

同会議は20名の委員で構成され、下部組織として、3つの小委員会を設けて(消費者市民育成小委員会、情報利用促進小委員会、地域連携推進小委員会)、活動しています。

(3) **「消費者教育の体系イメージマップ」の作成・公表**

平成25年1月、消費者庁は「消費者教育の体系イメージマップ」(48〜49ページ図表4参照)を公表しました。これは、消費者教育の重点領域をタテ軸に、幼児期から高齢期までのライフステージ各時期をヨコ軸に配置し、その交わったボックスに教育内容(学習目標)を記したマトリックス状の一覧表です。

消費者教育の範囲は幅広く、生活のあらゆる領域に関わります。そして、知識だけでなく、実践的な能力を育むために、多様な主体が担い手となり、幼児期から高齢期までの各時期に、様々な場で取り組まれる必要があります。

このイメージマップは、このような多様な担い手が、消費者教育の内容について共通認識を作るために作成されました。これは、これまで、ともすれば場当たり的に行われてきた消費者教育を、体系的に効果的に実施するための指標となり得るもので、画期的な取組みといえます。例えば、18歳の若者が含まれる「高校生期」は「生涯を見通した生活の管理や計画の重要性、社会的責任を理解し、主体的な判断が望まれる時期」と位置付けられ、重点領域「選択し、契約することへの理解と考える態度」を育むためには、「適切な意思決定に基づいて行動しよう。契約とそのルールの活用について理解しよう」という教育内容(学習目標)が設定されてい

ます。また、同じ重点領域について、成人期のうち「特に若者」については、「契約の内容・ルールを理解し、よく確認して契約する習慣を付けよう」とされています。

(4) 消費者教育ポータルサイトの拡充

消費者庁は、消費者教育に関する様々な情報を提供するサイトである「消費者教育ポータルサイト」を整備拡充し、消費者教育に関する教材、講座、取組みを紹介しています[3]。

このポータルサイトの特徴は、上記(3)のイメージマップをインデックスとして利用しているところです。関心のある対象領域（タテ）とライフステージ（ヨコ）との交差部分のボックスをクリックすると、その項目に関する情報が一覧表示されるように工夫されています。

また、ポータルサイトの情報は、随時追加できるようになっており、消費者教育の基盤整備に貢献しています。

[3] http://www.caa.go.jp/kportal/index.php

(5) 地方公共団体の取組み

地方公共団体は、より教育や啓発の現場に近い行政として、消費者教育の推進に果たす役割が期待されます。

消費者教育推進法は、都道府県及び市町村に対して、消費者教育推進計画を策定する努力義務を定めています（同法10）。平成28年10月20日現在、41都道府県で消費者教育推進計画が策定されています（**図表5-1**参照）。

また、消費者教育推進法は、都道府県及び市区町村に対して、消費者教育推進地域協議会を設置する努力義務を定めています。平成28年10月20日現在、45都道府県で消費者教育推進地域協議会が設置されています（**図表5-2**参照）。

さらに、市町村においては、その地域に合った消費者教育に関する課題について、公益財団法人消費者教育支援センターとの共同事業などにより、様々な取組みが行われています。

【図表4】消費者教育の体系イメージマップ

重点領域		各期の特徴	幼児期 様々な気づきの体験を通じて、家族や身の回りの物事に関心をもち、それを取り入れる時期	小学生期 主体的な行動、社会や環境への興味を通して、消費者としての素地の形成が望まれる時期	中学生期 行動の範囲が広がり、権利と責任を理解し、トラブル解決方法の理解が望まれる時期
消費者市民社会の構築		消費がもつ影響力の理解	おつかいや買い物に関心を持とう	消費をめぐる物と金銭の流れを考えよう	消費者の行動が環境や経済に与える影響を考えよう
		持続可能な消費の実践	身の回りのものを大切にしよう	自分の生活と身近な環境とのかかわりに気づき、物の使い方などを工夫しよう	消費生活が環境に与える影響を考え、環境に配慮した生活を実践しよう
		消費者の参画・協働	協力することの大切さを知ろう	身近な消費者問題に目を向けよう	身近な消費者問題及び社会課題の解決や、公正な社会の形成について考えよう
商品等の安全		商品安全の理解と危険を回避する能力	くらしの中の危険や、ものの安全な使い方に気づこう	危険を回避し、物を安全に使う手がかりを知ろう	危険を回避し、物を安全に使う手段を知り、使おう
		トラブル対応能力	困ったことがあったら身近な人に伝えよう	困ったことがあったら身近な人に相談しよう	販売方法の特徴を知り、トラブル解決の法律や制度、相談機関を知ろう
生活の管理と契約		選択し、契約することへの理解と考える態度	約束やきまりを守ろう	物の選び方、買い方を考え適切に購入しよう 約束やきまりの大切さを知り、考えよう	商品を適切に選択するとともに、契約とそのルールを知り、よりよい契約の仕方を考えよう
		生活を設計・管理する能力	欲しいものがあったときは、よく考え、時には我慢することをおぼえよう	物や金銭の大切さに気づき、計画的な使い方を考えよう お小遣いを考えて使おう	消費に関する生活管理の技能を活用しよう 買い物や貯金を計画的にしよう
情報とメディア		情報の収集・処理・発信能力	身の回りのさまざまな情報に気づこう	消費に関する情報の集め方や活用の仕方を知ろう	消費生活に関する情報の収集と発信の技能を身に付けよう
		情報社会のルールや情報モラルの理解	自分や家族を大切にしよう	自分や知人の個人情報を守るなど、情報モラルを知ろう	著作権や発信した情報への責任を知ろう
		消費生活情報に対する批判的思考力	身の回りの情報から「なぜ」「どうして」を考えよう	消費生活情報の目的や特徴、選択の大切さを知ろう	消費生活情報の評価、選択の方法について学び、意思決定の大切さ知ろう

※本イメージマップで示す内容は、学校、家庭、地域における学習内容について体系的に組み立て、理解を

(出所:消費者庁)

高校生期	成人期		
	特に若者	成人一般	特に高齢者
生涯を見通した生活の管理や計画の重要性、社会的責任を理解し、主体的な判断が望まれる時期	生活において自立を進め、消費生活のスタイルや価値観を確立し自らの行動を始める時期	精神的、経済的に自立し、消費者市民社会の構築に、様々な人々と協働し取り組む時期	周囲の支援を受けつつも人生での豊富な経験や知識を消費者市民社会構築に活かす時期
生産・流通・消費・廃棄が環境、経済や社会に与える影響を考えよう	生産・流通・消費・廃棄が環境、経済、社会に与える影響を考える習慣を身に付けよう	生産・流通・消費・廃棄が環境、経済、社会に与える影響に配慮して行動しよう	消費者の行動が環境、経済、社会に与える影響に配慮することの大切さを伝え合おう
持続可能な社会を目指して、ライフスタイルを考えよう	持続可能な社会を目指したライフスタイルを探そう	持続可能な社会を目指したライフスタイルを実践しよう	持続可能な社会に役立つライフスタイルについて伝え合おう
身近な消費者問題及び社会課題の解決や、公正な社会の形成に協働して取り組むことの重要性を理解しよう	消費者問題その他の社会課題の解決や、公正な社会の形成に向けた行動の場を広げよう	地域や職場で協働して消費者問題その他の社会課題を解決し、公正な社会をつくろう	支え合いながら協働して消費者問題その他の社会課題を解決し、公正な社会をつくろう
安全で危険の少ないくらしと消費社会を目指すことの大切さを理解しよう	安全で危険の少ないくらし方をする習慣を付けよう	安全で危険の少ないくらしと消費社会をつくろう	安全で危険の少ないくらしの大切さを伝え合おう
トラブル解決の法律や制度、相談機関の利用法を知ろう	トラブル解決の法律や制度、相談機関を利用する習慣を付けよう	トラブル解決の法律や制度、相談機関を利用しやすい社会をつくろう	支え合いながらトラブル解決の法律や制度、相談機関を利用しよう
適切な意思決定に基づいて行動しよう 契約とそのルールの活用について理解しよう	契約の内容・ルールを理解し、よく確認して契約する習慣を付けよう	契約とそのルールを理解し、くらしに活かそう	契約トラブルに遭遇しない暮らしの知恵を伝え合おう
主体的に生活設計を立ててみよう 生涯を見通した生活経済の管理や計画を考えよう	生涯を見通した計画的なくらしを目指して、生活設計・管理を実践しよう	経済社会の変化に対応し、生涯を見通した計画的なくらしをしよう	生活環境の変化に対応し支え合いながら生活を管理しよう
情報と情報技術の適切な利用法や国内だけでなく国際社会との関係を考えよう	情報と情報技術を適切に利用する習慣を身に付けよう	情報と情報技術を適切に利用するくらしをしよう	支え合いながら情報と情報技術を適切に利用しよう
望ましい情報社会のあり方や、情報モラル、セキュリティについて考えよう	情報社会のルールや情報モラルを守る習慣を付けよう	トラブルが少なく、情報モラルが守られる情報社会をつくろう	支え合いながら、トラブルが少なく、情報モラルが守られる情報社会をつくろう
消費生活情報を評価、選択の方法について学び、社会との関連を理解しよう	消費生活情報を主体的に吟味する習慣を付けよう	消費生活情報を主体的に評価して行動しよう	支え合いながら消費生活情報を上手に取り入れよう

進めやすいように整理したものであり、学習指導要領との対応関係を示すものではありません。

【図表5-1】消費者教育推進計画策定状況（消費者庁）

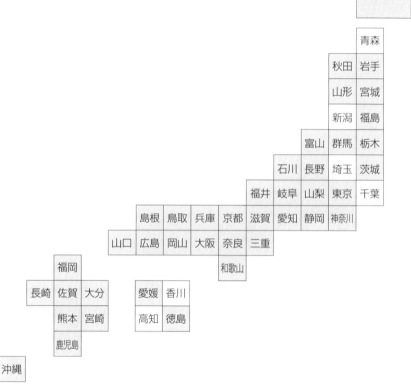

※平成28年10月20日時点　アミかけ地域は策定済み

[4]　今後の課題

　このように、消費者教育推進法の制定により、様々な消費者教育の推進のための取組みが行われてきました。これらは、必ずしも民法の成年年齢の引下げを意識したものではありませんが、成年年齢が引き下げられた場合にも役に立つ内容といえます。

　しかしながら、**第2節**で述べたように、成年年齢の引下げにより拡大するおそれのある若者の消費者被害を防止するのには、十分な内容であるとはいえません。

　この点、内閣府消費者委員会の成年年齢引下げ対応検討ワーキング・グ

【図表 5-2】消費者教育推進地域協議会設置状況（消費者庁）

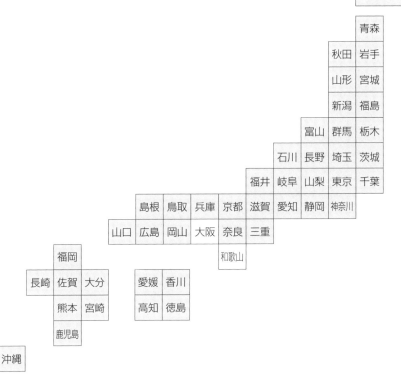

※平成 28 年 10 月 20 日時点　アミかけ地域は設置済み

ループが、平成 29 年 1 月に出した報告書[4]においても、次のような消費者教育の現状と課題が指摘されています。

　まず、小中高等学校では、家庭科・社会科（公民科）を中心に消費者教育が実施されていますが、授業時間が少ない、その効果が不明確、悪質商法・消費者保護制度の変化が早く教員の指導の負担が大きい、適切な教材に関する情報提供も十分ではない等の課題が指摘されています。また、大学においては、新入生ガイダンスでの啓発や在校生に対する注意喚起、消費生活センターによる講義を取り入れた授業科目の開設などが行われているが、大学等によってバラつきが大きく、全体的に取組みは十分ではない

と指摘されています。

　このような課題を克服するために必要な教育手法については、第9章の「法教育」と重なりますので、そちらをご覧ください[5]。

[4] http://www.cao.go.jp/consumer/iinkaikouhyou/2017/doc/20170110_seinen_houkoku1.pdf
[5] 内閣府消費者委員会の成年年齢引下げ対応検討ワーキング・グループの報告書では、小中高等学校においては、消費者教育の機会充実・推進のための人材開発（研修等）、アクティブ・ラーニングの視点からの学習・指導手法の高度化や実効性確保・教材の開発等の必要性が指摘されています。
　また、大学等については、人材開発（教員養成課程における消費者教育の重要性を認識させる働きかけ）、自治体と大学等の消費者被害防止のための連携枠組み強化、学生相談室等を通じた消費者教育・啓発強化等の必要性が指摘されています。

2　被害回復の手段

　民法の成年年齢が引き下げられると、18、19歳の若者も、一人で契約ができるようになります。そして、それらが、自分に必要なもの、価値のあるものだと適切に判断して契約したものであれば、問題はありません。

　しかし、上述のとおり、18、19歳の若者が、十分な説明がなされないまま、あるいは長時間の勧誘を受けて仕方なく契約してしまうなど、意に反する契約をしてしまうという消費者被害に遭う可能性も出てきます。そして、このような場合でも、未成年者取消権を行使して契約を取り消すことはできません。

　そこで、18、19歳の若者は、自分が成年者となることを前提に、未成年者取消権以外の方法で、被害を回復するために、以下の各制度を十分理解する必要があります。

[1]　クーリング・オフ

　被害回復の方法として、最も強力な手段がクーリング・オフです。このため、まずはクーリング・オフが可能かどうかを検討することから始めます。

(1)　意　義

クーリング・オフとは、契約後、法律で定めた一定期間内であれば、消費者は無条件で申込みの撤回や契約の解除ができる制度です。

　契約した後、頭を冷やして（Cooling Off）冷静に考え直す時間を消費者に与えるという意味で、後述のように、不意打ち的勧誘が行われやすい取引類型について認められています。

(2) **要件1（取引類型）**

　クーリング・オフできる主な取引は、訪問販売（キャッチセールス・アポイントメントセールスを含む）・電話勧誘販売・連鎖販売取引（マルチ商法）・特定継続的役務提供[6]・業務提供誘引販売取引[7]・訪問購入取引[8]の特定商取引法（特定商取引に関する法律）上の6類型取引と、訪問購入取引を除く5類型取引にかかる個別クレジット契約です[9]。

> [6] 特定継続的役務提供とは、「特定のサービス」を一定期間以上提供する契約のことです。現在「特定のサービス」には、エステティックサロン、語学教室、学習塾、家庭教師派遣、パソコン教室、結婚相手紹介サービスが指定されています（平成29年12月からは、美容医療が追加されます）。
> [7] 業務提供誘引販売取引とは、例えば、仕事をあっせんするから仕事に使うパソコンとソフトを購入するよう勧誘するもので、内職商法やモニター商法などといわれます。
> [8] 訪問購入取引とは、多くは自宅に訪問して、貴金属や着物などの高価なものを買い取るもので、強引な態様のものは「押し買い」といわれました。
> [9] 本文中では、特定商取引法と割賦販売法のクーリング・オフを取り上げましたが、この他に金融商品取引法、宅地建物取引業法、特定商品預託取引法、ゴルフ会員契約適正化法、不動産特定共同事業法、保険法等にもクーリング・オフ制度が導入されています。

(3) **要件2（クーリング・オフ期間）**

　クーリング・オフは、事業者から法律に定められた事項を記載した書面を交付されたときから8日（連鎖販売取引と業務提供誘引販売については20日）以内に行使しなければなりません（特定商取引法9①等、割賦販売法35の3の10等）。

　しかし、事業者から法定書面を受領していない場合や、受領した書面に法律で定められた事項が記載されていない場合は、クーリング・オフ期間は進行しません。このため、契約から8日間（20日間）が経過してしまっていても、書面に不備がないか、よく確認することが大切です。

また、事業者から「この契約はクーリング・オフできないんですよ。」と虚偽の説明を受けていたり、脅されたりしたためにクーリング・オフできなかった場合には、法定書面を受領してから8日間（20日間）が経過していても、クーリング・オフできます（この場合、事業者が再度クーリング・オフをできる旨を記載した書面を交付しなければ、クーリング・オフ期間は進行しません。特定商取引法9①等）。

【図表6】特定商取引法の取引類型とクーリング・オフ

取引類型	クーリング・オフの可否	期　間	個別クレジットのクーリング・オフ
訪問販売	○	8日間	○
通信販売	注）参照	―	―
電話勧誘販売	○	8日間	○
連鎖販売取引	○	20日間	○
特定継続的役務提供	○	8日間	○
業務提供誘引販売	○	20日間	○
訪問購入	○	8日間	×

注）通信販売については、商品等の引渡しを受けた日から8日間は申込みの撤回または契約の解除ができます（特定商取引法15の2①）。しかし、事業者がこれと異なる特約を表示していた場合には、この規定は適用されません。このため、強行法規であるクーリング・オフとは異なります。

⑷　**行使方法**

　クーリング・オフは、書面で通知しなければなりません（特定商取引法9①等）。

　この通知書は、配達の記録が残る簡易書留で送付することも考えられますが、通知の内容も客観的に証明できる内容証明郵便で送ることをお勧めします。

[2]　**各種法令に基づく取消権**

　クーリング・オフができない場合には、契約を取り消すことができないかを検討することになります。

【図表7】 クーリング・オフ通知書の例

```
○○株式会社　御中
                          住所　東京都○○区○○１－１－１
                          氏名　○○　○○　印

                    通　知　書
1　私は、貴社との間で締結した下記売買契約を解除します。
                    記
        契約日　　○○年○○月○○日
        商品名　　○○
        契約代金　○○円

　なお、契約締結から8日以上が経過していますが、貴社から交付された書面には、法令に定められた事項が記載されておりません。
　このため、現時点でも、クーリング・オフが可能です。

2　したがって、私が貴社に対して支払った○○円を、次の口座に振り込む方法によりご返還ください。
        ○○銀行　　○○支店
        普通　○○○○（口座番号）
        口座名義　○○○○（フリガナ　○○○○）
```

(1)　特定商取引法の取消権

前記 **[1]**(2)で述べた、訪問購入取引を除く特定商取引法5類型取引において、事業者が勧誘の際に、①事実と異なることを告げること（不実告知）、②故意に事実を告げないこと（不利益事実の不告知）があった場合には、消費者は契約を取り消すことができます（特定商取引法9の3等）。

例えば、①「このブレスレットをすれば癌が治ります」と説明したり、②目の前に高層マンションの建設予定があるのに「日当たりは抜群です」と建設予定を告げないような場合です。

(2)　消費者契約法の取消権

事業者が勧誘の際に、①事実と異なることを告げること（不実告知）、

②故意に事実を告げないこと（不利益事実の不告知）、③将来における変動が不確実な事項について断定的な判断を提供すること（断定的判断の提供）、④自宅等から退去するよう求めたのに退去しないこと（不退去）、⑤営業所等から帰りたいと求めたのに帰してくれないこと（退去妨害）、⑥事業者が当該消費者にとっての通常の分量を超えることを知りながら契約させたこと（過量契約）があった場合には、消費者は契約を取り消すことができます（消費者契約法4各項）。

(3) **民法の取消権**

上記(1)の取消権は、消費者が誤認していたことに気付いたとき（法律上は「追認をすることができる時」と規定されています）から一定期間内（特定商取引法が改正されましたが、その施行時期の関係で、平成29年12月以前の取引については6か月以内、平成29年12月以降の取引については1年以内になります）に行使しなければなりません。上記(2)の取消権も、消費者が誤認していたことに気付いたときから1年以内に行使しなければなりません。

この期間を経過した場合でも、事業者等の行為が詐欺（民法96）に該当する場合は、契約を取り消すことが可能ですので、詐欺に当たるか否かを検討することになります。

【図表8】特定商取引法・消費者契約法・民法の取消権

	取消事由	行使期間（時効）
特定商取引法	不実告知、不利益事実不告知	6か月（平成29年12月以降の取引は、1年）
消費者契約法	不実告知、不利益事実不告知、断定的判断の提供、不退去、退去妨害、過量契約	1年
民法	詐欺、強迫	5年

[3] その他の手法

この他にも、特定商取引法だけ見ても、訪問販売の過量販売解除権（同

法9の2)、通信販売の法定返品権(同法15の2)、連鎖販売取引や継続的役務提供の中途解約権(同法40の2、49)など、被害回復のための制度が設けられています。

【図表9】特定商取引法上の民事ルール(クーリング・オフを除く)

	取消権	過量販売解除権	中途解約権	その他
訪問販売	○	○	×	
通信販売	×	×	×	法定返品権
電話勧誘販売	○	×	×	
連鎖販売	○	×	○	
特定継続的役務提供	○	×	○	
業務提供誘引販売	○	×	×	
訪問購入	×	×	×	引渡拒絶権

[4] 被害に遭ったら

　上述のとおり、消費者被害を回復するために有用な法律は数多く存在し、自分の遭った被害について、どのような法律でどのように救済されるのか、なかなか判断しにくいものがあります。

　このため、消費者被害に遭ったと思ったら、自分だけで解決しようとしたり抱え込んで悩んだりせず、弁護士等の法律専門家に相談することが必要です。また、消費者ホットラインに電話して相談する方法もあります。

> 消費者ホットライン(局番なしの)「１８８」(イヤヤ!)

　消費者ホットラインは、平成27年7月1日から運用が開始されたもので、ここに電話をすると最寄りの消費生活センターや消費生活相談窓口を案内してくれます。

　消費生活センターや消費生活相談窓口では、消費生活相談員が、消費者からの事業者に対する苦情や製品事故の苦情などの消費生活に関する相談

に応じ、問題解決のための助言をしてくれるほか、場合によっては事業者との調整（あっせん）も行います[10]。

> [10] 平成27年4月1日時点で、全国に消費生活センターが786か所、相談窓口が1,018か所設置されており、3,367名の消費生活相談員が稼働しています。

　消費生活センター等に相談することは、自分の被害を回復するだけではなく、他の人が同じ被害に遭わないようにすることにも繋がります。なぜなら、消費生活センターに寄せられた相談内容は、独立行政法人国民生活センターに集約され、これを基に、消費者庁や国民生活センター等が消費者に対する注意喚起や情報提供を行うからです。

　前記のように、18歳や19歳の若者は被害を受けても一人で抱え込んで被害を拡大させるおそれも高いため、「騙されて恥ずかしい」とか「面倒くさい」などといわず、積極的に消費生活センター等の相談制度を利用すべきでしょう。悪質業者に消費者被害で得た利益を保持させては、次の被害を生み続けることになります。

[5]　今後の課題

　前述のとおり、消費者被害に遭った場合にも、様々な被害回復の手段が存在します。

　しかし、それでも被害を回復できない事案は存在します。特に、悪質業者は、こうした法律をかいくぐる新たな手口を次々に生み出してきます。

　また、クーリング・オフのような要件が明確な制度であれば、比較的早く被害を回復できますが、例えば不実告知取消権では、事業者が何といって説明したかを証明するのが困難で、裁判によって争われるなど、解決に時間がかかることもあります。

　解決に時間がかかることは、第2節5で見たように、高校3年生や大学生、就職したての若者が多い18、19歳にとって、経済的にも精神的にも負担となります。場合によっては、将来に重大な影響を及ぼしてしまうかもしれません。

　このため、特に若者の消費者被害を救済するため、法律等による手当が

必要であるとの意見もあります[11]。例えば、若者が被害に遭いやすいマルチ取引やアポイントメント取引について、若者固有の救済措置を設けることが考えられます。

> [11]　平成29年1月に出された内閣府消費者委員会の成年年齢引下げ対応検討ワーキング・グループの報告書では、若年成人の消費者被害防止・救済の観点から望ましい対応策として、消費者教育の充実等と並んで、消費者契約法と特定商取引法の法令改正が挙げられています。
> 　また、平成29年2月16日付の日本弁護士連合会の「民法の成年年齢引下げに伴う消費者被害に関する意見書」では、消費者契約法や特定商取引法の改正、割賦販売法や貸金業法の改正(与信の厳格化)の必要性が指摘されています。

第 3 章

親権・養育費

弁護士　三崎　高治（みさき　こうじ）

【略歴】
平成 21 年　弁護士登録（第一東京弁護士会）
【所属・公職等】
荒木・西畑法律事務所
第一東京弁護士会　子ども法委員会
第一東京弁護士会　家事法制委員会
東京都子供の権利擁護調査員（平成 26 年〜平成 28 年）
【主な著書】
『子どものための法律相談（第 2 版）』（共著、平成 26 年、青林書院）
『離婚・内縁解消の法律相談（第 3 版）』（共著、平成 26 年、青林書院）

第1節

親 権

1 親 権

[1] 親 権

　成年年齢が満 20 歳から満 18 歳に引き下げられても、親権者の権限や責務の内容自体が変更するわけではありません。

　しかし、これまでよりも 2 年早く、親は、親権者としての権限を行使することができなくなります。逆に、これまでよりも 2 年早く、親権者として負うべき法的責任から解放されるともいえます。

　親権者の権限や責務は幅広いものですから、こうした事態が生じる結果、18 歳以上の子どもの生活の様々な場面に影響が生じる可能性があります。

　親子関係が円滑であれば、親権者の権限や責務の有無に関係なく、実際上は問題が生じるようなことは多くないでしょう。

　しかしながら、親子関係がうまくいっていない場合には、特に、学校生活や進学などの場面で、少なからず影響が生じる可能性があります。

　例えば、現在では高校を退学する場合、親権者の同意が必要であることが一般的ですが、今後は、そのような同意なく、18 歳の生徒の意思だけで退学することが、民法上は可能であると解されることになるでしょう。

　また、高校教育の現場では、保護者が適切に親権を行使することを背景にして、生徒を指導する場合もあります。例えば、髪を染めることを禁止したり、携帯電話の使用方法を制限したりする場合、校則だけでなく、家庭での親の指導に期待する部分も大きいことがあります。このような場合に、成年年齢が 18 歳となり、親が親権の行使として 18 歳の子どもを指

導する法的権限が失われることになると、学校においても、教師から生徒に対して、親を通じての適切な指導ができなくなるのではないか（そして、それが子どものためにならないのではないか）と考えられ、その点を懸念する声があがっています。

(1) 親権とは

　一般に、親権者の権限や責務のことを、親権といい、民法では、成年に達しない子は、父母の親権に服さなければならないと規定されています（民法818①）。養子の場合は、養親の親権に服さなければなりません（同条②）。

　「親権」という言葉や、「服する」という表現からは、親権は、親が未成年の子に対して有する権利や権限であるとイメージされます。

　確かに、親権は、歴史的には、家長としての権利や権威（家長権）、父が有する支配権（父権）という概念から発展してきました。

　しかし、戦後、家制度が廃止され、親権は家のための権利ではなくなりました。また、現在の個人の尊厳や平等といった価値を共有する社会において、子の利益を無視して、単に父（や親）のための権利であるということもできません。

　言うまでもないことですが、未成年の子であっても、親の支配下にあるわけではなく、一人の権利の主体です。他方で、子どもは、権利の主体としてだけでなく、保護の客体としてもとらえるべきです。そのため、現在では、親権は、親が有する「子のための権利」であり、さらには、親が負っている「子のための義務」であると考えられています。

　このような考え方に従い、平成23年民法改正の際、これまでの民法第820条に「子の利益のために」という文言が挿入され、「親権を行う者は、子の利益のために子の監護及び教育をする権利を有し、義務を負う。」（民法820）と規定されました。これによって、親権者は、「子の利益のために」親権を行使しなければならず、親権の適切な行使は、子に対する親権者の義務であり、責任であるということがより明確になりました。

　一方で、未成年の子は、親権の行使の内容が、真に子の利益に適う正当

なものである限り、親権者の決めることに基本的には従わなければなりません。

具体的な親権の内容については、民法第820条以下に親権の効力として規定されていますが、具体的には以下の内容を含むと解されています。

(2) 身上監護権

まず、親権者は、子の利益のために、未成年の子を監護し、教育する権利と義務を有しています（民法820）。これを一般に身上監護権といいます。

監護とは、監督し保護することをいい、親権者は、未成年の子を監督し、保護し、教育しなければいけません。監督、保護、教育を一言でいえば、「養育」ということになります。要するに、親権者は、子が成年に達するまで、適切に親権を行使して、責任を持って、子を「養育」しなければならないのです。

もちろん、すべての事柄を親自身の手によって行う必要はなく、誰か（個人や法人、施設など）に委託することが必要な場合もあります。むしろ収入や健康状態など親や子の状況によっては、各種の社会保障やサービスを利用しなければならないこともあります。

そして、民法は、身上監護権の具体的内容として、特に居所指定権（民法821）、懲戒権（民法822）、職業許可権（民法823）を定めています。

① 居所指定権（民法821）

居所指定権は、未成年の子の生活の場所を指定する権限です。

子が小さい間は親と同居することが多いと思われますが、全寮制の中学校や高校に入学させたり、ホームステイなどの際に一定期間海外で生活させたりすることは、この居所指定権の現れだということができます。

② 懲戒権（民法822）

懲戒権とは、親権者が未成年の子の非行や過誤に対し、教育のために必要な範囲で懲罰を与えることができる権限です。

もちろん、懲戒権は、「必要な範囲内」（民法822）で行使されなければなりません。必要な範囲を超える懲戒権の行使は、児童虐待防止法上の虐

待に該当したり、暴行罪や傷害罪等の刑事上の犯罪に該当したりすることを十分に留意すべきです。しつけの名の下に行われる体罰や虐待は決して許されるものではありません。

③　職業許可権（民法823）

職業許可権は、未成年の子が職業に就く際に、親権者の許可を得る必要があるとするものです。

ここでいう「職業」とは、通説的見解によれば、広く継続的な業務をいい、営利目的の有無や自営であるか、他人に雇われて労務を提供するかを問わないとされています（民法上、未成年者が営業を許された場合に、その営業に関しては成年者と同一の行為能力を有するとされている場合（民法6）の許可が必要な「営業」が、営利目的を有し、自己の計算において行う事業であると考えられているのとは異なります）。

したがって、未成年の子が、会社に就職したり、アルバイトをしたり、あるいは、プロスポーツ選手やアイドル歌手の活動をしたりする場合は、親権者の許可を得る必要があります。

④　その他

身上監護権の内容は、上記のほかにも、未成年の子の生活上、事実上の行為に関して広範に認められるものであり、医師の医療行為に同意する権限である医療同意権を行使または代行する権限なども含まれると解されます（10歳の児童に対する頭蓋骨陥没骨折手術について、傷害を受けた患者の開頭手術を行う医療には、その手術の内容とそれに伴う危険性を患者またはその法定代理人に説明し、同意を得ることが必要とした最判昭和56年6月19日（判時1011号54頁）があります）。

(3)　財産管理権

未成年の子は、自己の財産を管理する十分な能力を有していないので、未成年の子に自ら財産を管理させると、財産の喪失や思わぬ債務の負担を招きかねません。そのため、民法は、親権者が未成年の子の財産を管理することにし、その保護を図っています。

親権者が財産管理をする場合、親権者が具体的な法律行為を代理して行う方法と、未成年の子が具体的な法律行為をする際に親権者が同意する方法の二つの方法があります。

　まず、親権者は、子の財産を管理し、その財産に関する法律行為についてその子を代表するとされています（民法824）。

　他方、未成年の子に対する同意権（民法5〜）は、親権者の同意を欠く法律行為を取り消すことができることに意味があります。このいわゆる未成年者取消権も、親権者の財産管理権から派生するものということができます（第2章参照）。

(4)　**身分上の行為**

　親権者は、明文がある場合には、未成年の子の身分上の行為の代理権も行使することができます。

　例えば、認知の訴え（民法787）、15歳未満の子についての養子縁組（代諾養子縁組、民法797）、氏の変更（民法791③）などが挙げられます。

(5)　**訴訟上の行為**

　未成年の子は、訴訟能力がないため、訴えを提起したり、訴えられた訴訟で答弁したりするなど訴訟行為をする場合は、原則として親権者が代わって行う必要があります（民事訴訟法31）。

(6)　**その他**

　民法では、上記のほかに、未成年者の法定代理人や親権者に関わる規定として、例えば次の**図表1**のような権限や効果が定められており、これらも親権の内容やその現れということができます。

【図表1】

親権者等の権限等	根拠条文
未成年者の営業の許可	民6条
法律行為の相手方からの催告の受領	民20条2項
意思表示の受領	民98条の2
復代理人の選任	民106条
未成年者取消権の行使	民120条
取り消すことができる行為の追認	民122条
監督義務者としての損害賠償責任	民714条
未成年者の婚姻についての父母の同意	民737条
嫡出否認の訴えの被告適格	民775条
養親が未成年者である場合の縁組の取消し	民804条
養子が未成年者である場合の無許可縁組の取消し	民807条
離縁の場合の協議	民811条2項
相続の承認または放棄をすべき期間の特則	民917条
相続の承認及び放棄の取消し	民919条2項

[2] 成年年齢が引き下げられた場合の影響

　成年年齢を18歳とする改正がなされただけでは、これまで述べたような親権の内容自体が変わるわけではありません。しかし、成年年齢の引下げの結果、18歳になると上記の親権の各内容や効果等が失われるため、18歳、19歳の子とその親権者との関係には次のような法的な影響が及ぶことになります。

(1) 身上監護について

　親権者が未成年の子に対して行使することができる身上監護権は、子が成年に達するとともに消滅します。すなわち、成年年齢が18歳に引き下げられた場合、子は18歳になれば、親のいうことを聞く（正当な身上監護権の行使に従う）必要が（少なくとも法律上は）なくなります。

　したがって、例えば、18歳の子が高校在学中で実際上は親に面倒を見てもらいながら生活をしていたとしても、親の言うことを聞かないからといって、親が法的な根拠をもって、それを正すことは難しくなります（た

だし、家に寄り付かなかったり、帰って来なかったりする場合など、少年法第3条第1項第三号の虞犯（ぐはん）事由に該当する場合は別に考える必要があります）。

前述のとおり、高校3年生を指導する立場にある教育現場では、実際上、生徒に対して教員から指導するだけでなく親権者からも指導してもらうことで、指導の効果をあげるよう工夫していることがありますが、そのような手法が使えなくなるのではないかという懸念があるようです。

もっとも、そのような事態に対処するため、校則によって、在学中は、成人した場合であっても親権者や保護者の指導に服するという規制をすることは可能だと思われます。

また、その他の懸念として、成人後は、法的には、子の意思だけで退学することが可能になり、親や教員に相談なく、いわば子が勝手に退学するようなケースが増えるのではないかということも考えられます。

しかし、通常は、校則によって、退学する場合は、親権者や保護者の同意のほか、学校側の承認が必要とされていますので、子の意思だけで直ちに退学できるわけではないと考えられます。ただし、子が真に自らの将来などを考えた上で、真摯に退学を望んでいるような場合は、上記の同意や承認をしないことが権限の濫用にあたるといった理由で、子の意思だけで退学できると解する余地があるように思われます。

(2) **財産管理について**

18歳で成年になるということは、18歳で法律上完全な行為能力を取得することになりますから、親権者が未成年の子に対して有していた、財産行為についての代理権、同意権、取消権は、消滅することになります。

これについては、「未成年者取消権」（第2章）で紹介したとおり消費者被害の拡大等の問題が懸念されています。

(3) **身分上の行為について**

身分上の行為については、現行の民法においても、成人ではなく15歳以上の未成年者に対して完全な能力を認めている場合が多くあります。養

子縁組は、15歳以上になると子ども本人の意思でしか行えず（民法797①参照）、遺言は15歳以上の本人にしかできず、親権者が代理して行うことはできません（民法961、962）。

したがって、成年年齢が18歳となっても、直接影響を受けるような場合は多くないでしょう。

もっとも、婚姻の場面では影響が大きいといえます。すなわち、現在、未成年の子が婚姻する場合には、判断能力が不十分で一時の感情に流されかねない未成年者を保護するために、その未成年の子の父母の同意が必要とされていますが（民法737）、成年年齢の引下げによって、今後は18歳以上であれば、成人として、父母の同意なく婚姻できることになります。

現在は、未成年者が役所に婚姻届を提出する際には、あわせて父母の同意書などを提出することが求められ、父母が同意していることを確認されるのが一般的ですが、成年年齢の引下げに伴って、当然そのような取扱いもなくなるでしょう。

なお、成年年齢の引下げにあわせて、現在、男性が18歳、女性が16歳とされている結婚可能年齢を男女ともに18歳に変更し、婚姻した未成年者を成年に達したとみなす成年擬制の制度を廃止する改正が予定されています。

⑷ **訴訟上の行為について**

現在では、18歳の未成年の子が原告となる場合も被告となる場合も、親権者が法定代理人として未成年の子に代わって訴訟行為をしなければなりません。

しかし、成年年齢が18歳になると、18歳の子自身が原告となり被告となって訴訟行為をすることになります。

実体法上の権利について完全な行為能力を認められた場合には、訴訟上も完全な能力を認めるべきですし、何か権利や利益が侵害されている場合に、自ら裁判所に救済を求めることができるようになる点は、積極的な意義があるといえるでしょう。

しかし、相手方である原告から適式に訴訟提起され、未成年の子が被告となったような場合は、その子が訴訟手続を理解せずに答弁書を提出しなかったり、裁判期日に欠席したりするとそのまま原告の請求を認める判決が出され、18歳の子にとって不利益な結果が生じる事態も考えられます。
　したがって、法教育・消費者教育の一環として、裁判制度の仕組みや原告や被告になった場合の対応等について、きちんと教育していく必要があります。

第2節

離 婚

1 離 婚

[1] 親権者の指定

　未成年の子がいる夫婦が離婚するときは、父母の一方を親権者として定めなければなりません（民法819①②）。

　離婚する夫婦の子が18歳の場合、これまでは親権者を父母のいずれかに定める必要がありましたが、成年年齢が18歳に引き下げられれば、親権者を定める必要がなくなります。

(1) **共同親権の原則**

　婚姻中の父母は、夫婦が共同して親権を行使するのが原則です（民法818③本文）。父母が健在であれば、できるだけ父母双方が子と関わり、親権の行使に同等の責任を持つべきだからです。親権の行使の内容や方法について、父母間で意見が食い違うような場合は、父母の協議によってそれらを決定する必要があり、かつての父権のように、父に優先的権利があるというわけではありません。

(2) **単独親権**

　上記のとおり、父母の婚姻中は夫婦が共同して親権を行使しますが、婚姻していない場合は、父母のどちらか一方が親権者となります。

　したがって、未成年の子がいる夫婦が離婚する場合、親権者を父母のいずれかに定める必要があります。

　諸外国では離婚後も父母が共同して親権を行使するよう定められている国もあり、日本においても離婚後の夫婦共同親権の導入に賛成する立場も

ありますが、現在のところ、婚姻していない父母が共同して親権を行使するのは、現実的には困難であるなどといった理由から、採用されるには至っていません。

協議離婚の場合は、父母の協議により親権者を定めますが（民法819①）、協議が調わないときは、離婚調停で話し合い、それでも決められない場合は、離婚裁判において裁判所がいずれかに決定するのが通常です（民法819②）。

[2]　成年年齢の引下げによる影響

離婚する夫婦に、18歳や19歳の子がいる場合、これまではその子についての親権者を決定する必要がありました。しかし、成年年齢が18歳となった場合には、その子はもはや親権に服しませんので、親権者を決定する必要がなくなります。

もっとも、親権に服しないからといって、その子が独立して生活できるかどうかは別問題です。現在の社会状況からすると、18歳、19歳の子は、学生やフリーターであることが多く、そのために収入が十分でなく、独立して生計を維持できない場合も多いでしょう。そのような場合は、引き続き親に扶養されることに変わりありません。

離婚した夫婦が離婚後も同居を続けることは考えにくいですが、実際上多くの場合は、父母のどちらかが子と同居し、扶養義務の履行として、子の面倒をみなければならないという事態は変わらないものと思われます。

成年年齢の引下げによって、離婚した夫婦の18歳や19歳の子の権利保護に欠けることのないよう注意する必要があります。

第3節

養育費の支払い

1 養育費

[1] 養育費

(1) **養育費の意義**

　子を養育するために費用がかかることは当然ですが、その費用なくして、子が健やかに成長していくことは不可能といっても過言ではありません。

　民法には、養育費を定義した規定はありませんが、民法第766条第1項は、離婚後の「子の監護に要する費用」の分担について父母の協議で定めると規定しており、この費用のことを一般に養育費と呼んでいます。

　子の監護に要する費用を、親が支払わなければならない根拠は、法律上は、民法第877条に定められている直系血族の扶養義務、すなわち親が直系血族として、その子に対して負う扶養義務にあるとされています。

　したがって、夫婦が離婚した場合であっても、親である以上、父母双方が等しく子に対する扶養義務を負っていることになります。特に、身体的・精神的・経済的に成熟途上の段階にあるため未だ就労できず、扶養を受ける必要がある子を未成熟児といいますが、父母はいずれも未成熟児に対して扶養義務を負っているのです。

　未成熟児に対する扶養義務は、経済的な余力の有無を問わず自己と同程度の生活水準を保持させる生活保持義務と解されていて、余力がある場合に最低限度の生活扶助を行う義務である生活扶助義務よりも程度が高いものとされています。

⑵　**養育費の金額等**

　養育費の金額や支払方法については、父母の協議で決まれば一応はそれが採用されますが、協議が調わなければ、家庭裁判所に養育費の調停や審判の申立をし、最終的には、家庭裁判所に決定してもらうことができます。

　養育費の金額を決定する際には、実務上、父母双方の直近の年収を「算定表」に当てはめて、その算定表から算定される金額を参考に決められることがほとんどです。

　算定表とは、東京家庭裁判所と大阪家庭裁判所の裁判官から構成される東京・大阪養育費等研究会が平成15年に公表した「簡易迅速な養育費等の算定を目指して―養育費・婚姻費用の算定方式と算定表の提案―」のことをいいますが、この算定表は、現在、家裁実務において、養育費の金額を決定する際に重要な役割を担っています。算定表の採用する基本的な考え方は、「子が義務者と同居していると仮定すれば、子のために費消されていたはずの生活費がいくらであるのかを計算し、これを義務者・権利者の収入の割合で按分」することによって、義務者（子の日々の生活の面倒をみていない親）が権利者（子の日々の生活の面倒をみている親）に対して支払うべき養育費の金額を定めるというものです（なお、日本弁護士連合会は、平成28年11月、これを修正した新しい算定表を提案しました）。

　養育費の支払方法については、毎月1回、義務者が権利者に対し、銀行振込みで行うのが普通です。権利者名義の銀行口座のこともあれば、子の名義の銀行口座の場合もあります。

　また、当月分を毎月末日までに支払うとすることが一般的であり、前払いや一括払いで支払うという例は、実務上多くありません。

⑶　**養育費の終期**

　養育費に関する事項を離婚時に定める場合には、金額や支払方法だけではなく、いつまで支払うかという支払いの終期についても定めることになります。

　一般的には、「20歳に達する日の属する月まで」とか、「成年に達する

日の属する月まで」と定めるのが通常です。家庭裁判所の審判により定められる場合も同様です。

ただし、大学進学等が見込まれるような場合には、通常は4年制大学を卒業すると考えられる「22歳の3月まで」というような決め方をする例もあります。

(4) 子からの請求

前述のとおり、養育費は、民法第766条第1項に「子の監護に要する費用」であることを根拠に、子の監護・養育をしている親がもう一方の親に対して請求する形をとるのが一般的です。

しかし、そもそも養育費は、親の子に対する扶養義務を根拠とするものですから、子自身が親に対して請求することもできると考えられます。その場合に子が未成年であるときは、親権者がその子を代理して、他方の親に請求することになります。

なお、様々な事情から、父母の間で、養育費を請求しないという合意をしたり、著しく低額な金額で合意したりすることがあります。

しかし、扶養を受ける権利は処分することができないため（民法881）、養育費を請求しないという合意や著しく低額な金額での合意は無効で、子に対しては何ら拘束力が生じないと解されています。

[2] 成年年齢引下げによる影響

(1) 支払いの打ち切り

養育費の支払終期について「成年に達する月まで」などと定められている場合には、成年年齢の引下げにより、支払終期が変更してしまうのではないかという懸念があります。すなわち、引下げ前は、20歳まで予定されていた養育費の支払いが、引下げ後には、18歳になると予期に反して打ち切られてしまうのではないかという懸念です。

確かに、支払終期が「成年に達する月まで」とされているような場合には、その条項のとおり、成年年齢に達する月以降の支払いをしないことが直ちに違法になるとはいい難く、必ずしも当該条項により定められた支払

義務が不履行であるとはいえない側面があります。

　また、債務名義となる公正証書、調停調書や審判書に成年に達する月までと記載されている場合、それが引下げ前に作成されたものであっても、引下げによって18歳で成年に達することになった場合には、18歳を過ぎるとその債務名義を用いて強制執行を申し立てることができなくなるおそれがあります。

(2)　**未成熟児に対する扶養義務**

　しかしながら、既に述べたとおり、そもそも養育費は、未成熟児に対する親の扶養義務を根拠にするものであると考えられます。子が成年年齢に達したからといって、未成熟かどうかの検討なく、直ちに支払義務がなくなると考えるべきではありません。成年になったとしても、扶養の対象となる子の面倒をみるのは、親の責任というべき場合があるでしょう。

　したがって、子が成年に達した場合でも、まだ収入がなく扶養の必要性があるなど未成熟であると評価される場合には、養育費はなお支払われるべきであり、子が成年に達したからといって、親は必ずしも養育費（あるいは扶養料）の支払義務から解放されるというものではありません。

　すなわち、養育費の終期が成年に達するまでと定められている場合に、その後に成年年齢が18歳となったからといって、どのような場合であっても、18歳以降、まったく養育費が請求できなくなるというわけではないと解されます。

　養育費の支払義務者が、まだ子が未成熟であるのに、18歳で成年に達したという、いわば年齢だけを理由として養育費の支払いを終了させるような場合には、権利者としては、子の現状や養育費の性質を説明するなどして、任意に支払いを継続してもらえるように交渉すべきでしょう。特に、公正証書や調停で取り決めをした場合、養育費の支払いを合意した当時の当事者の合理的意思からすれば、文言上は「成年」と定めているものの、実質的には（合意当時の成年年齢である）20歳になるまでは養育費を支払うことについて合意していたと解釈することができる場合もあるでしょ

う。

　そして、この交渉ができなかったり、まとまらなかったりする場合には、改めて家庭裁判所に養育費（民法766）の支払いの調停や審判を求めることもできますし、子自身が当事者となって扶養義務（民法877）の履行を求め、調停や審判を申し立てる方法があります。現在の社会状況からみても、18歳は高校在学中で就労していないケースが多いでしょうし、その後も、大学等に進学する割合が高いため、18歳を超えても（あるいは20歳を超えても）未成熟児に該当することは相当数に上ると思われます（もっとも、就労可能であるのに、本人のやる気などの問題で就労しないような場合まで未成熟といえるかは別問題です）。

　なお、今後は、成年年齢が引き下げられた場合を想定し、養育費の終期を決める際には、終期を「成年」とはせず、具体的な年齢や時期で定めるなど、成年年齢の引下げによって、支払終期の解釈をめぐる無用の紛争が発生しないように注意する必要があります。

[3]　**養育費支払いの現状と課題**

　そもそもわが国では、養育費が支払われている割合は少なく、その状況は深刻です。子が生活し、成長するためにお金がかかることはいうまでもありませんが、その費用を親が支払わないというのは極めて深刻な問題です。

　厚生労働省が行った「平成23年度全国母子世帯等調査」によれば、約123.8万世帯が母子世帯とされていますが、養育費の取決めをしている母子世帯は、37.7％と半数を大きく下回ります（図表2）。さらに、離婚した父親から養育費の支払いを受けているのは、母子世帯の19.7％しかなく、離婚からの年数がたつにつれ、受給割合は低くなります。そもそも、母子世帯のうち、60％を超える世帯が養育費をもらったことすらないような状況です（図表3）。

　さらに、同じく厚生労働省の「平成25年国民生活基礎調査」によれば（母子世帯に限りませんが）一人親世帯の相対的貧困率（等価可処分所得の中央

【図表2】母子世帯の母の養育費の取り決めの有無（母子世帯になってからの年数階級別）

	総　数	0～2年	2～4年	4年以降	不　詳
平成23年 　　総　　数	1,332 (100.0)	254 (100.0)	196 (100.0)	793 (100.0)	89 (100.0)
取り決めをしている	502 (37.7)	103 (40.6)	93 (47.4)	289 (36.4)	17 (19.1)
取り決めをしていない	801 (60.1)	147 (57.9)	101 (51.5)	488 (61.5)	65 (73.0)
不　　　詳	29 (2.2)	4 (1.6)	2 (1.0)	16 (2.0)	7 (7.9)

（出所：厚生労働省「平成23年度全国母子世帯等調査」。図表3も同じ）

【図表3】母子世帯の母の養育費の受給状況（母子世帯になってからの年数階級別）

	総　数	0～2年	2～4年	4年以降	不　詳
平成23年 　　総　　数	1,332 (100.0)	254 (100.0)	196 (100.0)	793 (100.0)	89 (100.0)
現在も受けている	263 (19.7)	68 (26.8)	61 (31.1)	124 (15.6)	10 (11.2)
過去に受けたことがある	211 (15.8)	25 (9.8)	32 (16.3)	148 (18.7)	6 (6.7)
受けたことがない	808 (60.7)	155 (61.0)	95 (48.5)	495 (62.4)	63 (70.8)
不　　　詳	50 (3.8)	6 (2.4)	8 (4.1)	26 (3.3)	10 (11.2)

値の半分に満たない世帯員の割合）は、54.6％と、大人が2人以上いる世帯の相対的貧困率を大幅に上回っていて、子どもの貧困率も、年々増加傾向にあるといえます（図表4）。

　このような状況の中、成年年齢の引下げによって、養育費の支払状況がさらに悪化してしまうと、ますます貧困が連鎖し、貧困から脱却すること

【図表４】貧困率の年次推移

	昭和60年	63	平成3年	6	9	12	15	18	21	24
	%	%	%	%	%	%	%	%	%	%
相対的貧困率	12.0	13.2	13.5	13.7	14.6	15.3	14.9	15.7	16.0	16.1
子どもの貧困率	10.9	12.9	12.8	12.1	13.4	14.5	13.7	14.2	15.7	16.3
子どもがいる現役世帯	10.3	11.9	11.7	11.2	12.2	13.1	12.5	12.2	14.6	15.1
大人が一人	54.5	51.4	50.1	53.2	63.1	58.2	58.7	54.3	50.8	54.6
大人が二人以上	9.6	11.1	10.8	10.2	10.8	11.5	10.5	10.2	12.7	12.4
名目値	万円	万円	万円	万円	万円	万円	万円	万円	万円	万円
中央値（a）	216	227	270	289	297	274	260	254	250	244
貧困線（a/2）	108	114	135	144	149	137	130	127	125	122
実質値（昭和60年基準）										
中央値（b）	216	226	246	255	259	240	233	228	224	221
貧困線（b/2）	108	113	123	127	130	120	116	114	112	111

注：1）平成6年の数値は、兵庫県を除いたものである。
　　2）貧困率は、OECDの作成基準に基づいて算出している。
　　3）大人とは18歳以上の者、子どもとは17歳以下の者をいい、現役世帯とは世帯主が18歳以上65歳未満の世帯をいう。
　　4）等価可処分所得金額不詳の世帯員は除く。
　　5）名目値とはその年の等価可処分所得をいい、実質値とはそれを昭和60年（1985年）を基準とした消費者物価指数（持家の帰属家賃を除く総合指数（平成22年基準））で調整したものである。
（出所：厚生労働省「平成25年国民生活基礎調査」）

が困難となりかねません。

　現在、養育費などの支払義務がある者の預金口座の有無などの情報について、裁判所を通じて金融機関に照会することなどを可能とする民事執行法の改正が検討されているところです。これにより、義務者の預金口座が特定できないと預金を差し押さえることができない現状の取扱いが改善されることになります。

　ただし、預金口座を特定することができたとしても、養育費の支払義務を負っている父・母の資力が十分でなく、そもそも支払能力がない（執行可能な財産が十分でない）ケースも多くあることが予想されますので、上

記の民事執行法改正だけでなく、子の福祉の観点からは、経済的な施策をより一層充実させることも望まれるでしょう。

第4章

未成年後見制度

弁護士・社会福祉士　石坂　浩（いしざか　ひろし）

【所属・公職】
石坂綜合法律事務所代表（URL：http://www.zaka-law.com）
弁護士（第一東京弁護士会所属）・社会福祉士
第一東京弁護士会　子ども法委員会（副委員長）
第一東京弁護士会　家事法制委員会（委員）

【活動】
子ども（少年事件、学校問題やいじめ、未成年後見等）と高齢者（遺言、財産管理や成年後見等）の問題に積極的に取り組んでおり、学校でのいじめ防止授業や各自治体での高齢者支援セミナー等も行っている。

【主な著作】
『子どものための法律相談』（共著、平成26年、青林書院）

第1節

未成年後見制度の概要

1 未成年後見制度

[1] 成年年齢の引下げと未成年後見制度

　民法は、「未成年者に対して親権を行う者がないとき、又は親権を行う者が管理権を有しないとき。」に未成年後見制度が開始されると定めています（民法838 一）。成年者について、精神上の障害（認知症、精神障害等）によって判断能力（事理弁識能力）が低下した人を保護する成年後見制度とは異なり、未成年後見制度は、親権に服する未成年者に親権者がいない場合に広く「未成年者を保護する」制度で、民法施行当時（明治時代）から存在しています。そして、親権者がいない未成年者について、この制度を用いて未成年後見人が付されることになります。

　そのため、「成年年齢を何歳にするか」という問題は、未成年後見制度の適用時期に直接関係し、その影響が問題となります。

[2] 適用事例

　未成年後見制度が用いられるのは、典型的には、未成年者の両親がいないケースですが、両親が存命の場合でも未成年後見人が選任される場合があります。例えば、次ページの**事例1**のように、未成年者Xに実父A・実母Bがいながら、Xが祖父C・祖母Dの養子になっていた親族関係において、CとDが亡くなった場合、実親であるA、Bがいますが、法律上はXに未成年後見人が選任されることになります。このような養子縁組がなされるケースは相当数あると思われますが、成年年齢が引き下げられると、このような場合についても、これまで未成年後見人によって保護された者

【事例1】

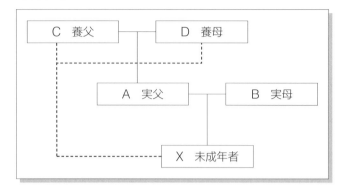

が保護されなくなる場合があります。詳しくは後ほど解説しましょう。

[3] 未成年後見人

　未成年後見制度が開始された場合に、未成年後見人は、基本的には親権者と同じように、財産管理権と身上監護権などの権限を持つことになります（民法820以下）。反対に、未成年者はこれらの権限に服する義務を負うのです。

　親権の内容である財産管理権・身上監護権については、**第3章**で解説されていますのでそちらを参照してください。

　以下では、未成年後見制度について法律的・実務的観点から詳しく説明した上で、同制度と成年年齢の引下げの関係について考えてみたいと思います。

2 未成年後見人の権限・責任

[1] 財産管理

　未成年後見人は未成年者の財産管理権を有し、法定代理人として契約等の法律行為を行ったり、既に未成年者が行った法律行為について追認や取消しをする権限等があります（民法859）。他方で、未成年後見人は、未成年者の財産に対する管理について、親権者の注意義務（自己のためにするのと同一の義務）よりも重い善管注意義務が課されます（民法869・

644)。未成年後見人には実の親よりも重い責任を負担する面があるのです。

　そして、財産管理の方法として、例えば、未成年者名義の預金口座があれば未成年後見人名義に変更します（例えば、未成年者山田太郎の未成年後見人に石坂浩が選任された場合には、預金口座の名義人は「山田太郎未成年後見人石坂浩」となります）。同様に保険契約や保険金の受領についても、未成年者を代理して行うことになります。また、学校や学習塾の入学手続をはじめ、日常で使用する携帯電話の契約や支払いについても代理人として契約し支払いの管理を行いますし、日々の生活費や小遣い等について未成年後見人が管理する未成年者の口座から、相当な金額を交付します。さらには、未成年者に収入（例えば地代家賃）がある場合には、税務処理（確定申告）を代理することもあります。

　ただし、児童手当については、未成年後見人が受領するのではなく、実際に未成年者を扶養している保護者（同居している親族や児童養護施設）が受領することになっています（児童手当法4①）。

[2]　身上監護

　親権者に認められる身上監護権（監護教育の権利義務（民法820）・居所指定権（同821）・懲戒権（同822）・職業許可権（同823）。第2章参照）は、未成年後見人にも認められます（同857）。また、未成年後見人も、親権者同様、未成年者に対する職業許可権限はありますが、未成年者の代理人として労働契約を締結することはできません（労働基準法58①）。未成年後見人が、未成年の子どもに代わって労働契約を結び、未成年者を労働させるおそれがあるからです。

　未成年後見人は、身上監護権を有することから、未成年者の住居の指定はもとより、就学するか就業するか、どこで誰と暮らすのか（親族と同居か、施設や里親か）、さらには婚姻年齢に達した未成年者（男性18歳、女性16歳以上）の場合においては結婚について同意するか（なお、婚姻すると成年擬制として未成年後見自体が終了します）、といった問題に直面することに

なります。そして、未成年後見人は、これらの身上監護に関する問題について、未成年者の「福祉」に配慮して決定しなければなりません。

[3] その他

(1) 医療同意

　未成年後見人の権限行使として、以上の他に医療同意権があります。未成年後見人が監護する未成年者が手術をするような場合にその同意をすることが一般的ですが、親権者が未成年者の手術や医療行為（輸血や延命治療）について同意しないことから、児童相談所が虐待（医療ネグレクト）として、家庭裁判所に対して親権の停止（民法834の2）を行うような場合には、未成年後見人が選任され、同意権の行使が求められる場合があります。

　医療契約（入院治療の委任契約）については、法律行為であり代理権の範囲ですが、医療行為という事実行為については、民法第820条の子の監護教育権を根拠として、未成年者本人を監護する親権者や未成年後見人に対して選択が求められます。症例によっては、生命に関わる大きな手術や延命治療等の重大な決定を行う必要がありますが、医療機関も患者が未成年者の場合には、親権者または未成年後見人の同意を得ることが必要です。

(2) 監督責任

　未成年後見人（特に弁護士や社会福祉士等の専門職）が直面する問題に、監督義務者の責任があります。これは、未成年者が「他人に損害を加えた場合において、自己の行為の責任を弁識するに足りる知能を備えていなかったときは、その行為について賠償の責任を負わない。」とされており（民法712）、一方で、この場合においては、「その責任無能力者（未成年者）を監督する法定の義務を負う者は、その責任無能力者が第三者に加えた損害を賠償する責任を負う。」となっており（民法714①）、ここでいう「法定の義務を負う者」には未成年後見人が該当するためです。

　そして、「自己の行為の責任を弁識するに足りる能力を備えていなかったとき」（責任無能力の場合）の未成年者とは、概ね12歳以下（小学生）

の者を指し、これら未成年者の行為に関する監督責任は実質的に無過失責任と考えられますが、第三者の未成年後見人が、未成年者の行為（例えば、小学3年生の未成年者が自転車事故を起こして他人に怪我を負わせた場合等）について、一緒に生活をしていない場合（特に専門職後見人）にまで無過失責任を負担させることは、未成年後見人に対するプレッシャーとなり担い手不足にも繋がります。そのため実務上は、弁護士責任賠償保険等に、未成年後見特約として未成年者の不法行為に対する監督責任賠償を附帯するようになっています。

第2節

未成年後見制度の実務

1　未成年後見人選任

[1]　申　立

　家庭裁判所は、申立を受け、「未成年者に対して親権を行う者がいないとき、又は親権を行う者が管理権を有しないとき」には、未成年後見人を選任する旨の審判をします（民法838一）。

　この申立は、未成年者の親族や利害関係人の他、未成年者本人も行うことができます（ただし、意思能力は必要です）。

　では、どのような場合に未成年後見人が選任されるのか、その具体的な場合を見てみます。

[2]　親権者不存在

(1)　両親権者死亡等

　両親（父母）がいる未成年者であれば、どちらかが死亡しても他方の親が1人で親権を行使します（民法818③但書）。しかし、親権者の双方が死亡した場合には未成年後見人が選任されます。また、親権者に失踪宣告がなされた場合も死亡と同じように扱われます。

(2)　単独親権者死亡

　民法では、未成年者がいる夫婦が離婚した場合には、親権者を指定する必要があり（民法819①）、離婚後は指定を受けた一方が単独で親権者となります。この単独親権者が死亡した場合においては、他方の親権が当然に復活するのではなく、親権者の変更申立（審判）が必要です。この親権変更の手続が取られない場合には、未成年後見人が選任されます。その際

には、元親権者（他方の父母）が未成年後見人になることもできます。

(3) 親権喪失等

親権者がいる場合でも、その者が親権喪失の審判（民法834）や平成23年改正法で認められた2年以内の親権停止（民法834の2）の審判を受けた場合には、未成年後見人が選任されます。

また、①親権者が長期間行方不明の場合、②長期間の入院、刑事施設への収容等によって実質的に親権を行使できない場合、③未成年者について児童福祉法上の措置（児童養護施設の入所等）がなされている場合などでも、未成年後見人が選任されることがあります。また、親権は「やむを得ない事由」があれば家庭裁判所の許可で辞することができ（民法837①）、この場合も未成年後見人が選任されます。

[3] 事例検討（両親死亡以外）

未成年後見人が選任されるのは、[2]で紹介した場合の他にも、86ページの**事例1**（第1節①[2]）として紹介した「養親の死亡」の場合が相当数あります。養子縁組の効力は養親の死後も生じており、親権を行使していた養親（民法818②）が死亡した場合には、実父母の親権が復活せず、「未成年者に対して親権を行う者がないとき」に該当すると解されるからです（民法838一）。

例えば、**事例1**は、高校生のXが実父A、実母Bと同居していながら、Aの父C、母D（Xの父方祖父母）の夫婦養子となり、Xが実父Aとともに祖父母C、Dの相続人となる場合で、相続税対策（相続人の頭数を増やして基礎控除額を拡大する方法）によく使われていたようです。ここで、C、Dが高齢者だと、Xの成人前にC、Dが死亡し相続が開始する事態が生じますが、A、Bの親権は復活しません。そのため、このようなXについて未成年後見人を選任する必要があります（※厳密にはC、Dの一方が死亡した時点で、CまたはDのどちらかとA、Xが相続し、CまたはDが単独養親となるためにはDには特別代理人が選任される手続が先行するはずですが、複雑になるので省略します）。

この場合、Xの成年後見人として実父Aを選任することができますが、Xの養親であるC、Dの相続手続（遺産分割協議）については、XとAとは共同相続人として利益相反の関係となるので、Xには後見監督人や特別代理人が指定されることになります。

　なお、上記の方法とは別に、養親（祖父母C、D）の死後に実父母（A、B）の親権を復活させることも可能です。その場合には、XとC、D間の養子縁組について死後離縁の手続（民法811⑥）が必要となります。しかし、未成年者Xが死後離縁申立をすることになるため、結局はその申立のために未成年後見人の選任が必要となり、上記のようなケースで死後離縁を求めて親権を復活させることは、実務上ほとんど見かけません。

2　未成年後見人

[1]　選任候補者

　未成年後見人の選任申立に際しては、申立書に未成年後見人の候補者を記載することができますが、家庭裁判所はこの記載に拘束されません。民法上、選任に際しては「未成年被後見人（※未成年者）の年齢、心身の状態並びに生活及び財産の状況、未成年後見人となる者の職業及び経歴並びに未成年被後見人との利害関係の有無（未成年後見人となる者が法人であるときは、その事業の種類及び内容並びにその法人及びその代表者と未成年被後見人との利害関係の有無）、未成年被後見人の意見その他一切の事情を考慮しなければならない。」と定められており（民法840③）、裁判所の審判には広い裁量権が認められているからです。

　なお、平成23年改正によって、①複数後見、②法人後見、③後見人間の権限分掌（財産管理担当者と身上監護担当者を分離する）が認められています。

　実務上は、以下のように親族（未成年）後見人と専門職（未成年）後見人に分かれます。

[2]　親族後見人

　未成年後見人として選任される者の大半は、未成年者の親族である祖父母、叔（伯）父、叔（伯）母、兄弟姉妹等です。特に、未成年者と同居している親族がいる場合は、身上監護の観点からもこの親族が未成年後見人に選任される場合が多いようです。

[3]　専門職後見人

　一方で、未成年者の財産管理権を適切に行使する必要がある場合に弁護士が選任されたり、身上監護で福祉的な配慮を要する場合においては、子どもの福祉に詳しい弁護士や社会福祉士等の専門家が選任される場合もあります。

　例えば、実父母が事故や震災等で死亡したため、未成年者において多額の保険金や義援金の受領が必要となった場合には、同一生計にある親族ではなく独立した専門職に財産管理を任せたほうが、未成年者の財産の確保と管理に適しています。また、前述の**事例1**のケースで養親（祖父母等）が死亡した場合にも、未成年者と実親との間で遺産分割協議を代理する必要からやはり弁護士等の専門職が選任される場合が一般的です。

　さらに、身上監護の面で未成年者に発達障害や非行傾向、虐待被害等がある場合には、福祉関係者（社会福祉士、精神保健福祉士等）が選任されることがあります。

　このように、財産管理、身上監護ともに「親族」による関与が不適切と思われるケースや、親族間で利害の対立がある場合、さらに未成年者自身が親族後見人を望んでいない場合には、家庭裁判所は積極的に専門職後見人を選任しているようです。また、その場合の未成年者は、小学生くらいの低年齢児童から18歳〜19歳の成人前の未成年者まで幅広く、特に年齢によって振り分けているわけではないようですが、乳幼児や就学前の児童に専門職後見人が選任されることは稀です。なぜなら、この時期の児童に親権者がいない場合には、当該未成年者は乳児院や児童養護施設といった児童福祉施設に入所していることが多く、福祉施設の専門職（児童福祉

司等）以外の専門職（弁護士や社会福祉士）による介入を受ける必要性に乏しいのが理由だと思われます。

　実務上は、児童福祉施設に入所している以外の概ね16歳以上（18歳・19歳を含みます）の未成年者による保険金受領や相続手続において、弁護士等による専門職後見人選任が多いと思われます。

3　未成年者

　2で述べたように、未成年後見人には家庭裁判所の審判によって親族や専門職が選任されます。その際、候補者となる親族や弁護士には選任を受けるか否かの選択ができます。しかしながら、当の未成年者（未成年被後見人）は、家庭裁判所からの意見聴取の機会はありますが（民法840③）、基本的に未成年後見人を選ぶことはできません。

　そして、あらゆる子どもについて未成年後見人が選任される可能性があります。ただ、先ほど成年後見人が親族と専門職で分けられたのと対比で、単に親権者がいなくなった未成年者（親族後見に馴染む）と、弁護士や社会福祉士等の専門職後見人を選任することが相当である未成年者とに分かれます。

　後者である専門職が対応する未成年者については、**第3節**以下で述べますが、高額資産の管理、特に保険金、不動産、相続財産等について専門的アプローチが必要な未成年者が含まれます。また、専門職後見人の対応が求められるものとして、親権者や親族からの虐待被害に遭った未成年者、貧困家庭で孤立した未成年者、知的障害児童、精神障害や精神疾患を持つ未成年者、さらには、非行傾向が進んだ（犯罪少年、触法少年やぐ犯）未成年者等、かなり幅広い類型の未成年者が相当数存在しているのが実情です。

第3節

未成年後見人の役割

1 財産管理の実務

　第2節で述べたように、未成年後見人は未成年者の財産全般を管理します。特に、義務教育が終了した段階以降の未成年者については、高校進学や大学進学等に一定の費用がかかり、生活費や小遣い等で相応の負担を予定しながら財産管理を行う必要があります。

　そして、現在のわが国の高校・大学進学率からすると、ほとんどの未成年者が高校に進学し、19歳になる年に大学進学か就業かの選択を行うことになりますので、18歳、19歳の段階では未成年者の金銭的余力等（大学や専門学校の学費控除後）を適切に判断することが重要です。

　未成年後見人としては、こうした事情を考慮して、未成年者の資産が成人になる前に不当に減らないように財産管理をすることになります。

2 身上監護の実務

　未成年者の身上監護を継続的に見た場合、特に、思春期（中学生から高校生にかけて）と上記の高校進学時、大学・就業の決定時（18歳、19歳）は未成年者のその後の人生に大きく影響しますので、本人の希望はもちろん、福祉的な観点から適切な進路選択がなされることが求められます。

3 自立支援

　未成年後見人は、上記1・2のように財産管理と身上監護を行いますが、これらは、「未成年者の自立」を最終目標とし、親が子どもを「一人前の

大人」にしようと子育てをするのと同じ意味を有しています。保護されるべき対象であった未成年者（20歳未満）を、社会の一員として家庭や施設から巣立たせることが、未成年後見制度の要となります。

　では、子どもはどの時期に自立するのでしょうか。これについては、時代や国、地域によっても様々かと思います。しかし、今の日本における20歳前後の若年層では、大学卒業時年齢（概ね22歳）でも社会の構成員として自立できている人はむしろ少数かもしれません。親が大学生である子どもの就職に関与したり、就職後も資金援助を行ったりする例は一般的です。その意味では、わが国の未成年者が自立するタイミングはむしろ20歳よりも後だとも考えられます。そうだとすると、未成年被後見人（未成年者）は、通常の親子関係にある未成年者よりも早く「自立」することを求められる可能性が高くなりますが、これは現代の社会情勢ではなかなか難しい状況といえるかもしれません。

　未成年後見制度の趣旨（自立支援）からすると、このような社会情勢を踏まえ、実質的及び長期的な視点から、未成年者の財産管理や身上監護の設計を行うことが求められます。

4　専門職未成年後見人の実務

[1]　専門職後見人の選任

　未成年後見制度においては、司法統計によると全国で年間3,000件程度であり、未成年者に専門職後見人が選任されるケースはまだまだ少ない状況です。しかし、弁護士や司法書士、社会福祉士の中で、児童福祉分野や子どもの問題に詳しい弁護士等が後見を必要とする未成年の状況に対して深い問題意識をもって積極的に未成年後見人として活動しています。

　では具体的に、専門職後見人はどのような未成年後見人業務を行っているでしょうか。弁護士の場合を見てみましょう。

[2]　身上監護①（貧困支援）

　近年の日本で問題となっている「子どもの貧困」対応についても、弁護

士等の専門職未成年後見人が活動しています。わが国の子どもがいる家庭の相対的貧困率（世帯の可分所得が、全体中央値の半分未満の世帯の割合）は15.1％と高く、そのうち大人が1人で子どもを養育している世帯（シングルマザー等）に限ると、相対的貧困率は実に54.6％にも上ります（内閣府『平成27年版 子供・若者白書』）。

例えば、いわゆる非正規雇用のシングルマザーで子育てをしていた単身親権者（母親）が病気等で就業できない、または死亡してしまったようなケースでは、それまでは母親の給与と児童手当、児童扶養手当で生計を立てていた未成年者の生活はすぐに立ち行かなくなります。子どもの年齢が小学生等の幼い場合には、親族に養育可能な者がいなければ、児童相談所が児童福祉法上の入所措置（児童養護施設への入所）がなされることが多いと思います。しかし、未成年者が高校生以上の場合には、施設入所等の急な生活環境の変化に馴染めず、とはいえいきなり一人暮らしをするような金銭的な余裕もありません。一方で、単独で児童扶養手当や生活保護等の申請を行うことはできません。このような場合に、未成年者の環境調整を図る目的で専門職後見人が必要となります。また、児童福祉施設に入所していても、児童でなくなる満18歳になると、児童福祉法の適用外となることから、児童養護施設を退所し、単独で生活し自立しなければなりません。しかしながら、現在のわが国で18歳の未成年者が自立することは相当に困難な状況です。そのため、未成年者に弁護士等の専門職後見人がいわば「後ろ盾」のような存在として選任され、アパートの契約や公的補助金や就業等のアドバイスをすることがあります。

このように、貧困等の問題を背景として、専門職が未成年後見人として関与する場合としては、むしろ児童の年齢（18歳未満）を経過した18歳～19歳の未成年者を対象とすることが多く、問題状況も深刻なケースが多いのが現状です。

[3]　身上監護②（福祉的対応）

専門職が関与する未成年後見のケースとしては、近年必要性が注目され

ている福祉的アプローチに基づき未成年後見人が選任される場合があります。統計上も知的障害児、精神障害・発達障害児の数は増えており、その対応として未成年後見制度が利用される場合です。

　こうした児童に対して親権者や保護者から虐待がなされる危険は高く、まして親権者がいないケースでは、養育を引き受ける親族や最後の砦となる児童福祉施設等の担い手自体が社会的に不足しているのが現状です。今後、障害児童に対する専門職（社会福祉士や精神保健福祉士）によるアプローチが期待されると思いますが、社会的弱者である未成年者、しかも知的障害や精神障害を持つ者には、「自立支援」という視点から未成年後見制度を利用することも必要です。

　また、非行傾向が進んだ未成年者についても、福祉的アプローチが必要です。少年事件の弁護（付添人）と虐待関連の未成年後見人の経験をした弁護士であれば、非行をする子どもと、虐待を受ける子どもの家庭環境は非常に似ていることに気が付きます。こうした子ども達に、適切な親権を行使する者がいない場合にこそ、未成年後見人の出番です。特に、非行（深夜徘徊等のぐ犯を含みます）の傾向が進んだ少年に関しては、その背景に虐待や貧困等が隠れているケースが多くあるため、少年事件の経験が豊富な弁護士や福祉の専門家である社会福祉士が関与する実益は非常に大きいと思います。

　少年法適用年齢に関する議論は他の章（第7章）に譲りますが、非行少年に関する「要保護性」は、親権者がいない未成年者の場合にはむしろ強く認められます。非行傾向にある未成年者として保護的アプローチをするべき対象も、貧困問題と同じく「自立できるまで」という視点が必要だと思われます。

第4節

成年年齢引下げ
－18歳基準を想定して

1 成人年齢引下げ論

　前節まで、未成年後見制度とその運用の現状・必要性等について紹介してきましたが、それを踏まえて、民法の成年年齢の18歳への引下げが未成年後見制度に与える影響について検討します。

　冒頭に述べたとおり、民法の成年年齢が引き下げられることで、この「未成年後見制度」は直接的な影響を受けます。なぜなら、成年年齢が引き下げられると、これまで20歳未満の者に選任されていた未成年後見人による保護が、18歳になった途端に終了してしまうからです。そればかりか、18歳になると成人とされ、今度は18歳になった者が未成年後見人になることもできるのです。

　具体的には、以下のような点が問題として指摘されています。

2 財産管理

　親権者のいない未成年者に対する財産管理は、中学卒業時（15歳）と高校卒業時（18歳）で非常に重要になります。特に18歳では、進学するか就職するかについての選択がその後の未成年者の人生に大きな影響を与えます。ところが、民法の成人年齢が18歳に引き下げられると、未成年後見人が選任されている未成年者は、その大半が高校在学中に未成年後見が終結し、預金口座や現金等を自分で管理しなければならなくなります。そして、自己管理を委ねられた財産を前提に、進学や就職を成年者として一人で選択しなければならなくなります。これは18歳の者にとって相当

【事例2】

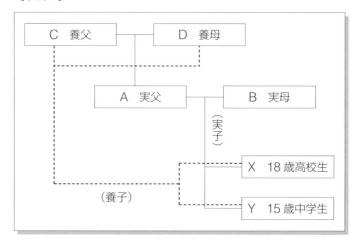

な負担ですし、そもそもそのような管理能力が備わっているのかも疑問です。また、未成年者は、高齢者と同じかそれ以上に財産侵害（窃盗・横領・詐欺等）の被害を受ける危険性が高いことが指摘されますが、18歳で成年に達して未成年後見人がいなくなると、そうした被害を受ける危険性がますます増えるのではないかと懸念されます。

このような問題は、従前専門職後見人が選任されてきたケースで特に懸念されます。弁護士が選任される未成年後見のケースには遺産分割協議などが必要な場合が多いことは既に述べたとおりですが、具体的な事例で検討してみましょう。

冒頭の**事例1**において、さらに上掲の**事例2**のように、Xが18歳の高校生で、中学生（15歳）の妹Yがいて、X、Yは実父母のA、Bと同居していますが、X、Yがともに父（A）方の祖父母C、Dと養子縁組をしていた場合を想定してみます。

この場合、C、Dが預金や株券、不動産等の多額の財産を残して亡くなった場合は、A、X、Yが相続人となります（※ここでも厳密にはC、Dの一方が死亡した時点で、CまたはDのどちらかとA、X・Yが相続し、CまたはDが単独養親となるため、X及びYに特別代理人が選任される手続が先行する

はずですが、省略します）。

　民法の成人年齢が20歳であれば、実務上XとYにはそれぞれ弁護士が未成年後見人として選任されるか、またはBがXとYの未成年後見人に選任されかつ弁護士の未成年後見人監督人が付けられた上で、法定相続分を確保する遺産分割協議が行われます。X、YとAは（場合によっては妻であるBを含めて）、C、Dの遺産については対立する関係にあるからです。ところが、成年年齢が18歳になると、Xは高校生とはいえAと同じく「成年」ですから何らの保護もされません。また、Xが財産管理上は保護されないことにより、A、Bやその他の親族が事実上Xの財産を管理して自己のために費消する危険もあります。

　つまり、成人年齢を引き下げることは、これまで未成年者とされてきた18歳（高校3年生）の者の財産管理に大きく影響し、特に従前は専門職後見人が選任されるべきであった遺産相続の事案においては、自らが多額の財産を確保し管理する必要が出てきます。

　さらには、法律上Xが成年となった場合においては、Xが妹Yの未成年後見人になることすらも可能です（遺産分割手続に際して後見監督人・特別代理人は付されます）。しかし、18歳の高校生Xが、父Aとの間で、自分が取得するべき相続財産のみならず、妹Yの未成年後見人（親族）として、各相続分を確保した遺産分割協議を行い、その後も相続財産を管理することは、相当に困難であると考えられます。

　このように、成年年齢が引き下げられた場合には、財産の内容はもちろん、親族間の利害関係に応じて多くの影響が出ることを十分に理解して対応する必要があります。

3　身上監護―未成年者の自立

　身上監護においては、民法の成年年齢の問題に加えて、本来は、人はその発達段階において、どの段階で自立し社会的に「成年」になるといえるのか、逆にいえば、何歳まで保護される立場なのかという議論が必要です。

これらは、親権者のいる子どもでも、未成年後見人が選任されている子どもでも変わらないと考えるべきです。しかし、未成年後見の実務では、親権者のいない子どもについては、18歳段階の進路選択に限らずより長期的に、かつ手厚く保護されるべきと考えられる事案が多いようにも思われます。

　実際、児童福祉施設のうち、児童養護施設（虐待されている等保護を要する児童の入所施設）、児童自立支援施設（不良行為を行ったりまたはそのおそれがあったりし、非行傾向が進んだ児童の入所施設）、児童心理治療施設（軽度の情緒障害を持つ児童の入所施設）は、児童福祉法上の「児童」が18歳未満とされていることから、入所は18歳までが原則ですが、現在では法律上20歳までの在所も可能となっています。また、18歳で退所する際にも、その後の後ろ盾や相談相手となるように、弁護士等が専門職後見人として選任され、代理人として活動するケースが結構あります。

　詳しくは**第6章**「児童福祉」でも扱いますが、18歳が自立する（べき）年齢として制度設計されている児童福祉の分野においても、現に18歳を超過した年齢の者に対しても、財産管理や身上監護において保護が必要とされているのです。

　こうした社会実態からすると、未成年後見制度が必要となる子どもの年齢は、むしろ18歳以上でこそ重要となる場面があるといえるかもしれません。この点からは、成年年齢の引下げは大きな問題を生じるおそれがあり、別途の法整備等が求められます。

4　貧困・福祉対応

　さらには、先ほど紹介した貧困家庭の子どもや障害児、虐待を受け保護される子ども、犯罪行為や深夜徘徊、ぐ犯等の非行傾向が強い子どもには、より積極的、長期的なケアが必要なことはいうまでもありません。そして、虐待を受けたり反社会的行為を行ったりする子どもの背景には、貧困や知的障害が多いことからしても、こうした子ども達に未成年後見人（特に環

境調整ができる専門職）が選任されるべき要請は、知的・精神障害児童が増えている近年ではさらに高まっています。

こうしたケアの対象年齢は、要するに子ども本人が自立できるまでであることから、一律に線引きできるものではありませんが、児童福祉分野に携わる弁護士の立場からすると、社会の実態からみて、成年年齢を少なくとも20歳よりも引き下げる積極的な理由があるようには思われず、問題を含んでいます。この点については、第6章「児童福祉」でも取り扱います。

5 自立までの保護

民法の成年年齢の改正（引下げ）には多くの議論があり、他方で、選挙権は既に18歳に引き下げられました。今後の改正法案も最終的には国民の意見を反映した立法府（国会）の判断に委ねられることになります。

この章では、未成年後見制度に絞って制度内容からアプローチしてみましたが、繰り返すとおり、未成年後見制度の利用自体が少なく世間一般ではあまり知られていません。しかしながら、同制度を利用している子どもは確実におり、弁護士実務からしても、この5〜6年は家庭裁判所から選任の依頼を受ける専門職後見人事案の数が増加傾向にあると感じています。

もちろん、未成年者が18歳の段階で公務員（自衛隊等）や住み込みの仕事（職人等）で立派に就職して自立しているケースもあり、こうした場合には未成年後見人が関与する必要は少ないでしょう。しかし、大半の未成年後見の事案、特に、高額財産管理と福祉的対応を要する身上監護においては、18歳の誕生日でもって未成年後見が終結することで、本来の機能である未成年者の「自立までの保護」が図れなくなるという懸念があります。このような事案は少数ですが確実に存在し、今後も増加することは十分予測できるところです。

18歳で成年となると、それまで「財産管理・身上監護」の監護下にあっ

た者が、今後は自らの管理をしなければならず、場合によっては親族等自分以外の者の成年後見人となることもあり得ます。その場合には、先の相続**事例2**（100ページ）のように高校生の成年者が、中学生の弟妹の相続手続等の財産管理を行ったり、その他監護養育についても民法第820条で定める広範な権利義務（監護・教育）を行使したりせざるを得ない状況も考えられます。監護教育されていた側が、監護教育する側に回るのです。

　そのため、成人年齢が18歳に引き下げられた場合には、ここまで述べてきたような保護を要する子ども達（従来の18歳・19歳の未成年被後見人）や他者の監護者たる地位におかれる若年の成年者に対しては、何らかの手当てをする必要性が出てくると考えられます。

　例えば、家庭裁判所の福祉的機能を理解した上で、行政機関や弁護士会をはじめとした公的な相談窓口へのアクセスを設けることなども重要になるでしょう。

第 5 章

仕 事
―― 労働契約 ――

弁護士 渡邉 和之（わたなべ かずゆき）

【略歴】
平成 17 年　弁護士登録（第一東京弁護士会所属）

【所属・公職等】
西綜合法律事務所パートナー
第一東京弁護士会 総合法律研究所 会社法研究部会副部会長（平成 29 年～）
経営法曹会議会員
競争法フォーラム会員

【主な著作】
『企業再編の理論と実務－企業再編のすべて－』（共著、平成 26 年、商事法務）
『Q＆A 平成 26 年改正会社法』（共著、平成 26 年、新日本法規出版）
『会社法・同施行規則　主要改正条文の逐条解説』（共著、平成 27 年、新日本法規出版）
『同族会社実務大全』（共著、平成 27 年、清文社）
『会社経営者・人事労務担当者のための労働法実務ハンドブック』（共著、平成 27 年、商事法務）
『会社法関係法務省令 逐条実務詳解』（共著、平成 28 年、清文社）
『役員会運営実務ハンドブック』（共著、平成 28 年、商事法務）　他

第1節

成年年齢の引下げに伴う影響の概要等

1 未成年者の仕事への関わり

　高校生や大学生がアルバイトをしたり、高校卒業後、大学や専門学校に行かずに就職したりするなど、20歳未満の若者（未成年者）が、仕事に就く場面はたくさんあります。

　統計資料によれば（図表1）、15歳から19歳までの有業率は、男性の場合、平成19年は16.5％、平成24年は14.6％、女性の場合、平成19

【図表1】男女、年齢階級別有業率―平成19年、24年

（％、ポイント）

男女 年齢	男			女		
	平成24年	平成19年	増減	平成24年	平成19年	増減
総数	68.8	71.6	− 2.8	48.2	48.8	− 0.6
15〜19歳	14.6	16.5	− 1.9	16.5	17.3	− 0.8
20〜24	63.7	66.4	− 2.7	66.6	68.4	− 1.8
25〜29	88.5	89.8	− 1.3	75.3	73.5	1.8
30〜34	92.3	93.4	− 1.1	68.2	63.5	4.7
35〜39	93.5	94.4	− 0.9	67.1	64.6	2.5
40〜44	93.3	94.6	− 1.3	70.7	71.1	− 0.4
45〜49	93.2	94.5	− 1.3	74.6	74.6	0.0
50〜54	92.8	93.2	− 0.4	73.2	70.9	2.3
55〜59	89.7	90.4	− 0.7	65.0	61.5	3.5
60〜64	72.7	73.0	− 0.3	47.3	43.5	3.8
65〜69	49.0	50.0	− 1.0	29.8	28.1	1.7
70〜74	32.4	33.4	− 1.0	18.0	17.7	0.3
75歳以上	16.1	18.0	− 1.9	6.3	6.7	− 0.4
（再掲） 15〜64歳	81.4	82.7	− 1.3	63.1	61.7	1.4

（総務省統計局「平成24年就業構造基本調査」より）

年は17.3％、平成24年は16.5％となっており、男女・時代を問わず、多くの未成年者が仕事に関わっていることが分かります。

2 仕事に関する未成年者の保護規定の概要

　仕事に関わる場合、法律関係としては、委任契約や請負契約、業務委託契約による場合もありますが、大部分は、会社（使用者）と労働契約を締結することになります。

　委任契約や請負契約による場合、未成年者は、契約の締結には法定代理人の同意が必要になるなどの民法による保護を受けます。他方で、労働契約による場合には、民法による保護に加えて、労働基準法などの労働者の保護規定の中にある未成年者を保護するための規定に基づく保護も受けることになります。

3 成年年齢の引下げに伴う仕事への影響の概要

　このため、成年年齢が満20歳から満18歳に引き下げられた場合、新たに成年となる18歳、19歳の者は、委任契約や請負契約、業務委託契約による場合は民法による保護規定、労働契約による場合は民法と労働基準法による保護規定の両方の適用を受けることができなくなります。

　これは逆に、18歳、19歳の者が、親権者などの法定代理人の同意がなくても、労働契約を締結して仕事し、その仕事によってもらった給料を自由に使うことができるという、社会から一人前の大人として取り扱われることを意味します。このような変化は、自由が広がるというメリットがありますが、他方で、これまでのように親権者などの保護を受けられず、不利な労働契約を締結してしまい、過酷な労働を強いられる可能性もあるなどのデメリットも懸念されます。

　そのため、このような想定を踏まえ、成年年齢が引き下げられた場合、どのような影響があるのかを具体的に検討する必要があります。

　以下では、仕事への関わりは労働契約によることが多いことから、労働

契約による場合の影響を中心にまず説明し、その後に、労働契約以外の契約による場合の影響について説明します。

> **COLUMN　仕事の「契約」**
>
> 　仕事をする場合の契約形態について、労働契約、請負契約、委任契約などがあると説明しました。
> 　これらの契約のうち、労働契約は、他人（使用者）の指揮命令に従って仕事をすることが求められるのに対して、請負契約や委任契約は、他人（注文者や委託者）の指揮命令を受けることなく、自らの判断で仕事をするという点に違いがあります。また、請負契約と委任契約の違いは、請負は仕事の完成が必要であるのに対して、委任は仕事の完成が必ずしも求められないという点にあります。
> 　通常、例えば、会社に就職したり、アルバイトとして仕事をしたりする場合は労働契約、大工さんが家を建てる場合は請負契約、医師が診療する場合は委任契約と考えられていますが、実際には、同じような仕事に見える場合でも、法的には、労働契約による場合と請負や委任契約による場合のいずれも存在していますので、具体的な事情に応じてどのような契約形態であるかを判別しなければなりません。
> 　そして、本文に説明しているとおり、労働契約かそれ以外の契約かによって、労働基準法などの労働者保護規定の適用の有無などが大きく異なりますので、仕事をする場合、契約内容を十分吟味して、自分の仕事はどのような契約形態で行われているのかをしっかりと確認することが大切です。

第2節

労働契約における未成年者などへの保護規定

1 保護の分類・保護規定の概要

　先ほど説明したとおり、未成年者が労働契約に基づいて仕事をする場合、民法の保護規定のほか、労働基準法の保護規定の適用を受けます。

　労働基準法は、成年者を含む労働者全般への保護規定を定めていますが、このほかに、20歳未満の若者への保護について、①「未成年者」（20歳に満たない者）、②「年少者」（18歳に満たない者）、③「児童」（15歳に達した日以後、最初の3月31日が終了するまでの者）と3つの段階に分けて、特別な保護規定を定めています。

　もちろん、児童には、未成年者や年少者への保護規定も適用されますし、年少者には、未成年者の保護規定も適用されます。

　労働基準法における未成年者、年少者、児童への保護規定の適用をまとめると、次ページ図表2のとおりとなります。

　以下、これらの保護規定について、順に説明します。

2 未成年者（年少者、児童を含む）に適用される保護規定

　未成年者に適用される保護規定は、図表2の①から④です。このうち①と③は未熟な未成年者を保護するための規定ですが、②と④は、親権の濫用によって生じる未成年者の不利益を保護する規定であって、その趣旨が異なっています。

[1]　法定代理人の同意、職業の許可（民法5①、同法823①）（図表2①）

　未成年者が、労働契約を締結するためには、親権者または後見人といっ

【図表2】労働基準法における未成年者、年少者、児童への保護規定

	① 法定代理人の同意・職業の許可	② 代理締結の禁止	③ 労働契約の解除	④ 未成年者の賃金請求権	⑤・⑫ 年齢証明書等の備付け	⑥・⑬ 労働時間・休日の制限	⑦・⑭ 深夜業の制限	⑧ 危険有害業務への就業制限	⑨ 坑内労働の禁止	⑩ 帰郷旅費の支給	⑪ 最低年齢
条文	民5①、民823①	労基58①	労基58②	労基59	労基57	労基60	労基61	労基62 労基63	労基63	労基64	労基56①
未成年者	○	○	○	○							
年少者	○	○	○	○	○	○	○	○	○	○	
児童	○(※)	○(※)	○(※)	○(※)	○(※)	○(※)	○(※)	○(※)	○(※)	○(※)	○(※)

※児童は、原則として使用が禁止されているため、労働基準監督署長の許可がある場合に適用があることになる。

た法定代理人の同意が必要となります。これは、労働契約も契約であることから、その契約の締結には、法定代理人の同意が必要であるとともに、とりわけ未成年者が職業に就くことは本人の身上、財産上も影響が大きいことから親権者がいる場合にはその許可を必要としたものです。

法定代理人の同意がない労働契約は、民法第120条第1項により取り消すことができます。

[2] 代理締結の禁止（労働基準法58①）（図表2②）

上記【1】のとおり、未成年者が労働契約を締結するためには、親権者などの同意が必要ですが、他方、労働基準法では、未成年者の労働契約は、親権者や後見人が代わりに締結することはできないとされています。これは、親孝行の名の下に、親が代わって労働契約を締結し、未成年者が不当な労働条件による長時間労働が強いられるなどといった親権の濫用を防止するためです。

[3]　未成年者の労働契約の解除（労働基準法58②）（図表2③）

　親権者や後見人、さらに行政官庁（労働基準監督署長）は、未成年者の労働契約が未成年者にとって不利である場合には、将来に向かって契約を解除することができます。この解除は、親権者などがいったんは労働契約の締結に同意をしていた場合にも可能です。これにより、未成年者は不利な労働契約から解放されます。

[4]　未成年者の賃金請求権（労働基準法59）（図表2④）

　未成年者は、独立して賃金を請求することができ、また、親権者等は、未成年者に代わって賃金を受け取ることはできません。

　そのため、会社（使用者）は、親権者等への給与の手渡しはもちろん、親権者等の口座への振込みもできません。これも親権者等が賃金を受け取ることを許せば、[2]と同様に、未成年者を害する可能性があるからです。

3　年少者（児童を含む）に適用される保護規定

　労働基準法は、未成年者への保護規定のほかに、年少者（18歳に満たない者）が肉体的・精神的に発育過程にあるため、安全、衛生、福祉の見地などから、図表2⑤から⑩の年少者への保護規定を特に設けています。

[1]　年齢証明書の備付け（労働基準法57①）（図表2⑤）

　会社（使用者）は、年少者の年齢を証明する書面（戸籍証明書）を、事業場に備え付けなければなりません。これは、年少者には特別な保護規定が定められていることから、その特別の保護対象となる労働者を明確にするためです。

[2]　労働時間・休日の制限（労働基準法60）（図表2⑥）

　会社（使用者）は、年少者を、一定の場合を除き、変形労働時間制、フレックスタイム制によって使用することはできず、1週40時間、1日8時間という、原則的な労働時間制によって使用しなければなりません。

　一定の場合とは、児童を除く年少者が、①1週40時間を超えない範囲において、1週間のうち1日の労働時間を4時間以内に短縮する場合に、

他の日の労働時間を10時間まで延長する場合、②1週48時間、1日8時間を超えない範囲内において、1か月または1年単位の変形労働時間制を適用する場合のいずれかです。

[3]　**深夜業の制限**（労働基準法61）（図表2⑦）

　会社（使用者）は、原則として、年少者を午後10時から翌日午前5時までの深夜時間帯に使用することはできません。

　ただし、満16歳以上の男性については交替制による場合など一定の場合には、例外的に深夜時間帯の労働が可能です。また、農林業、畜産・水産業、病院・保健衛生業及び電話交換業務については、深夜業制限は適用除外とされ、年少者を使用することは可能です。

[4]　**危険有害業務の就業制限**（労働基準法62）（図表2⑧）

　次のような危険または有害な業務については、年少者の就業は制限または禁止されています。

①　運転中の機械等の掃除、注油、検査、修繕の業務
②　運転中の機械等へのベルト・ロープの取付け・取外しの業務
③　クレーンの運転の業務
④　重量物の取扱いの業務
⑤　毒薬物、毒劇物、有害物、危険物の取扱いの業務
⑥　酒席に侍する業務
⑦　特殊の遊興的接客業（バー、クラブ、キャバレー等）における業務　など

[5]　**坑内労働の禁止**（労働基準法63）（図表2⑨）

　年少者を坑内で労働させることは禁止されています。

[6]　**帰郷旅費の支給**（労働基準法64）（図表2⑩）

　年少者が解雇日から14日以内に帰郷する場合、会社（使用者）は、必要な旅費を負担しなければなりません。ただし、年少者の責めに帰すべき事由による解雇の場合で、会社（使用者）が行政官庁の認定を受けたときは、旅費の負担は不要です。

4 児童に適用される保護規定

労働基準法は、以上の未成年者・年少者の保護に加え、児童（年少者のうち15歳に達する日以後、最初の3月31日が終了するまでの者）、つまり義務教育を終了するまでの者には、以下の[1]から[3]の特別な保護規定を設けています。

[1] 最低年齢・就業制限（労働基準法56）（図表2⑪）

児童については、原則として、使用が禁止されています。この使用が禁止される年齢は「最低年齢」と呼ばれています。

例外として、13歳以上の児童については、非工業的業種（製造業・鉱業・土木建築業・運送業・貨物取扱業以外の事業）に限り、①健康及び福祉に有害でないこと、②労働が軽易であること、③修学時間外に使用すること、④所轄労働基準監督署長の許可を得ることの条件を満たすことにより、使用が可能です。

また、13歳未満の児童については、映画の製作または演劇の事業に限り、上記①から④の条件を満たした場合に使用が可能です。

[2] 児童の就業に関する証明書等の備付け（労働基準法57②）（図表2⑫）

児童については、年少者に関する年齢証明書の備付け（前記3[1]）に加え、修学に差し支えないことの学校長の証明書及び親権者または後見人の同意書の備付けが必要です。

[3] 労働時間の制限（労働基準法60②）・深夜業の禁止（同法61⑤）（図表2⑬、⑭）

上記[1]のとおり、児童は、修学時間外のみ使用することができますが、さらに、法定労働時間については、修学時間を通算して週40時間、1日7時間とされています。

また、深夜業禁止の時間帯については、年少者とは異なり（前記3[3]）、午後8時から午前5時とされています。

第3節

労働契約における成年年齢の引下げに伴う影響

1 概　要

　以上が、現在の民法や労働基準法における未成年者、年少者、児童への保護規定の概要です。

　このように、民法や労働基準法では年少者や児童への特別な保護規定を除けば、成年者と未成年者とは、労働契約の締結や解除、賃金の請求に関しての違いがあるものの（第2節2[1]から[4]）、基本的には、労働者が成年者であるか未成年者であるかによって大きな違いはありません。また、会社（使用者）も、未成年者であっても、仕事との関係では、通常一人の立派な労働者として扱っていますので、大きな違いはないといえます。

　このため、成年年齢が、現在の満20歳から満18歳に引き下げられたとしても、健全な会社で仕事をする限りは、大きな影響はないと思われます。

　しかし、前記第2節2に説明した未成年者に適用される保護規定が、18歳、19歳の新成年年齢者に適用されなくなるため、以下のような影響があることは否めません。

2 未成年者への保護規定（前記第2節2）の適用年齢の変更による影響

[1]　労働契約の締結にあたり法定代理人によるチェックがなくなる
(1)　劣悪な労働条件下で就労せざるを得なくなる危険性

　前記第2節2[1]のとおり、未成年者については、労働契約の締結には親権者等の法定代理人の同意が必要とされています。このため法定代理

人は、未成年者が労働契約を締結する前に、その労働条件等の契約の内容をチェックして、不適当なものであると考えれば労働契約の締結に同意しないことによって、未成年者がその仕事に就くことを取りやめさせることができます。

　しかし、成年年齢が引き下げられると、18歳や19歳の者については、法定代理人の同意を要することなく自ら労働契約を締結することとなるため、労働契約の内容を法定代理人が事前にチェックすることがなくなります。

　これは、18歳や19歳の者が親などの意見を聞かなくても、自分の希望に応じて自由に仕事に就くことができ、メリットのようにも思えます。しかし、一般には、まだまだ知識、経験に乏しいと思われる18歳や19歳の者が、不利な内容であることに気付かずに労働契約を締結してしまい、劣悪な労働条件の下での就労をせざるを得なくなる危険性を秘めてもいます。

(2) **具体例**

　例えば、求人票や面接では、「仕事が簡単・楽」「高収入」などと説明され、労働契約を締結したものの、実は説明と違って、過酷な仕事であったり、給料が安すぎるということがあり得ます。

　このような場合、未成年者であれば、事前に、法定代理人が労働契約の内容をチェックすることによって、求人票や面接での説明と違った労働条件であるとして、法定代理人がその労働契約に同意をしないことにより、劣悪な労働条件下で就労することを未然に防止することができます。

　また、仮に、労働契約に同意したとしても、法定代理人は未成年者がその仕事に就いていることを把握しているため、劣悪な労働条件であることを知れば、事前の説明と違っているということで、詐欺を理由に労働契約を取り消したり（民法96①）、前記**第2節②[3]**（図表2③）の解除権を行使して、未成年者をその仕事から解放させることができます。もちろん、給料が労働契約の内容と違っている場合には、知識・経験を有する親権者

などの法定代理人であれば、これを未払賃金として請求したり、損害賠償を請求したりすべきであるということにも気付くことができます。

しかし、成年年齢が引き下げられ、18歳や19歳の者が自らの判断で労働契約を締結するようになり、法定代理人の同意等が不要となれば、法定代理人は必ずしも子どもの仕事の内容や労働条件を知ることができなくなり、このような対応ができなくなります。

[2] 親権者、後見人、行政官庁による解除権がなくなる

また、現在は、未成年者の労働契約が不利な場合には、親権者、後見人、行政官庁（労働基準監督署長）による解除が認められていますが（前記第2節2[3]）、この規定も、成年年齢が引き下げられると、18歳や19歳の者には適用されなくなります。

このため、これらの者についてはこの解除権を行使できず、劣悪な労働条件下の仕事から解放させることができなくなるということが考えられます。

そして、この解除権は、特に、行政官庁（労働基準監督署長）による解除権を定めていることから、会社（使用者）側も、未成年者について不利な労働条件の労働契約を締結しないようになるという、一定の抑止力が働いていると評価されていますので、この解除権が適用されなくなることによって、18歳や19歳の者について、この抑止力が働かなくなり、不利な労働条件下での就労を放置して不当な事態を生じさせる可能性が高まるということも考えられます。

3 労働契約について必要な知識を十分に身に付けて行動していく必要が生じる

[1] これまでの成年者と同様の知識等を身に付けることが必要

前記2[1]のとおり、これまでは、親権者などが未成年者の労働契約の内容を事前に知ることができたため、「給料が説明と違う」「休みがない」「労働時間が長すぎる」など、労働契約の内容などに疑問等があれば、親権者

などを通じて、未払賃金の請求などの労働者の権利を行使することができました。

しかし、成年年齢が引き下げられた場合、18歳、19歳の者は従前の20歳以上の成年者と同様に取り扱われますので、親権者などが代わって労働者の権利を行使することはできませんし、そもそも、親権者などがこれらの者の労働契約の内容を承知していないことも多くなると考えられます。

このため18歳や19歳の者も、これまでの成年者と同様に、労働基準法などの労働者保護規定の知識を身に付け、自分自身でその権利を行使していくことが必要になります。

例えば、前記2[2]で説明したとおり、成年年齢が引き下げられると、18歳や19歳の者には未成年者の労働契約の解除権の適用はなくなるものの、他方で、期間の定めのない労働契約は解約申入れ後2週間の経過により終了するとの規定もあることから（民法627①）、このような解約申入れ権があることなどの知識を身に付け、不利な労働契約と考える場合には、自分でその契約を終了させることが必要になります。

[2] 労働条件の確認

また、労働基準法第15条では、会社（使用者）は、労働契約に際し、労働者に対して、賃金、労働時間その他の労働条件を明示しなければならないとされ、特に、以下①から⑤の事項については、書面を交付して明示する必要があるとされています。

① 労働契約の期間
② 就業場所・従事する業務
③ 始業・終業の時刻、時間外労働の有無、休憩時間、休日、休暇、交替制
④ 賃金の決定・計算・支払方法、時期、締切日
⑤ 退職に関する事項（解雇の事由を含みます）

この労働条件は、次ページのような「労働条件通知書」などの書面に記載されますので、成年年齢が引き下げられれば、18歳や19歳の者も、労

《労働条件通知書の例》

(一般労働者用;常用、有期雇用型)

労働条件通知書

年　月　日

_____ 殿

事業場名称・所在地
使用者職氏名

契約期間	期間の定めなし、期間の定めあり（　年　月　日～　年　月　日） ※以下は、「契約期間」について「期間の定めあり」とした場合に記入 1　契約の更新の有無 　［自動的に更新する・更新する場合があり得る・契約の更新はしない・その他（　　　）］ 2　契約の更新は次により判断する。 　・契約期間満了時の業務量　　・勤務成績、態度　　　・能力 　・会社の経営状況　　・従事している業務の進捗状況 　・その他（　　　　　　　　　　　　　　　　　　　　　　　） 【有期雇用特別措置法による特例の対象者の場合】 無期転換申込権が発生しない期間：Ⅰ（高度専門）・Ⅱ（定年後の高齢者） 　Ⅰ　特定有期業務の開始から完了までの期間（　年　か月（上限10年）） 　Ⅱ　定年後引き続いて雇用されている期間
就業の場所	
従事すべき 業務の内容	【有期雇用特別措置法による特例の対象者（高度専門）の場合】 ・特定有期業務（　　　　　　　開始日：　　　　完了日：　　　）
始業、終業の 時刻、休憩時 間、就業時転 換（(1)～(5) のうち該当す るもの一つに ○を付けるこ と。）、所定時 間外労働の有 無に関する事 項	1　始業・終業の時刻等 (1)　始業（　時　分）　終業（　時　分） 【以下のような制度が労働者に適用される場合】 (2)　変形労働時間制等；（　）単位の変形労働時間制・交替制として、次の勤務時間の 　　組み合わせによる。 　┌始業（　時　分）　終業（　時　分）　（適用日　　　　　　　） 　│始業（　時　分）　終業（　時　分）　（適用日　　　　　　　） 　└始業（　時　分）　終業（　時　分）　（適用日　　　　　　　） (3)　フレックスタイム制；始業及び終業の時刻は労働者の決定に委ねる。 　　　（ただし、フレキシブルタイム（始業）　時　分から　時　分、 　　　　　　　　　　　　　　（終業）　時　分から　時　分、 　　　　　　　　　コアタイム　　　　　時　分から　時　分） (4)　事業場外みなし労働時間制；始業（　時　分）終業（　時　分） (5)　裁量労働制；始業（　時　分）　終業（　時　分）を基本とし、労働者の決定に委ね 　　る。 ○詳細は、就業規則第　条～第　条、第　条～第　条、第　条～第　条 2　休憩時間（　）分 3　所定時間外労働の有無（　有　,　無　）
休　　日	・定例日；毎週　　曜日、国民の祝日、その他（　　　　　　　　　　） ・非定例日；週・月当たり　　日、その他（　　　　　　　　　　） ・1年単位の変形労働時間制の場合-一年間　　日 ○詳細は、就業規則第　条～第　条、第　条～第　条
休　　暇	1　年次有給休暇　　6か月継続勤務した場合→　　　日 　　　　継続勤務6か月以内の年次有給休暇　（有・無） 　　　　→　　か月経過で　　日 　　　　時間単位年休（有・無） 2　代替休暇（有・無） 3　その他の休暇　有給（　　　　　　　　　　） 　　　　　　　　　無給（　　　　　　　　　　） ○詳細は、就業規則第　条～第　条、第　条～第　条

(次頁に続く)

第3節　労働契約における成年年齢の引下げに伴う影響

賃　　　金	1　基本賃金　イ　月給（　　　　　円）、ロ　日給（　　　　　円） 　　　　　　　　ハ　時間給（　　　　　円）、 　　　　　　　　ニ　出来高給（基本単価　　　　円、保障給　　　　円） 　　　　　　　　ホ　その他（　　　　　円） 　　　　　　　　ヘ　就業規則に規定されている賃金等級等 　　　　　　　　　　　　　　　　　　　　　　　　　　　 2　諸手当の額又は計算方法 　　イ（　　　手当　　　円／計算方法：　　　　　　　　　） 　　ロ（　　　手当　　　円／計算方法：　　　　　　　　　） 　　ハ（　　　手当　　　円／計算方法：　　　　　　　　　） 　　ニ（　　　手当　　　円／計算方法：　　　　　　　　　） 3　所定時間外、休日又は深夜労働に対して支払われる割増賃金率 　　イ　所定時間外、法定超　月60時間以内（　　　）％ 　　　　　　　　　　　　　　月60時間超　（　　　）％ 　　　　　　　　所定超　（　　　）％ 　　ロ　休日　法定休日（　　　）％、法定外休日（　　　）％ 　　ハ　深夜（　　　）％ 4　賃金締切日　（　　　）－毎月　　日、（　　　）－毎月　　日 5　賃金支払日　（　　　）－毎月　　日、（　　　）－毎月　　日 6　賃金の支払方法（　　　　　　　　　　） 7　労使協定に基づく賃金支払時の控除（無　，有（　　　）） 8　昇給（時期等　　　　　　　　　　　　　　　　　　　） 9　賞与（　有（時期、金額等　　　　　　　　），無　） 10　退職金（　有（時期、金額等　　　　　　　），無　）
退職に関する事項	1　定年制　（　有（　　　歳），　無　） 2　継続雇用制度（　有（　　歳まで），　無　） 3　自己都合退職の手続（退職する　　日以上前に届け出ること） 4　解雇の事由及び手続 　　〔　　　　　　　　　　　　　　　　　　　　　　　　　　　〕 ○詳細は、就業規則第　　条～第　　条、第　　条～第　　条
そ　の　他	・社会保険の加入状況（　厚生年金　健康保険　厚生年金基金　その他（　　　）） ・雇用保険の適用（　有　，　無　） ・その他 　〔　　　　　　　　　　　　　　　　　　　　　　　　　　　〕 ※以下は、「契約期間」について「期間の定めあり」とした場合についての説明です。 　労働契約法第18条の規定により、有期労働契約（平成25年4月1日以降に開始するもの）の契約期間が通算5年を超える場合には、労働契約の期間の末日までに労働者から申込みをすることにより、当該労働契約の期間の末日の翌日から期間の定めのない労働契約に転換されます。ただし、有期雇用特別措置法による特例の対象となる場合は、この「5年」という期間は、本通知書の「契約期間」欄に明示したとおりとなります。

※　以上のほかは、当社就業規則による。
※　労働条件通知書については、労使間の紛争の未然防止のため、保存しておくことをお勧めします。

（厚生労働省のHP（http://www.mhlw.go.jp/seisakunitsuite/bunya/koyou_roudou/roudoukijun/keiyaku/kaisei/dl/youshiki_01a.pdf）より）

働契約を締結する場合には、自ら「労働条件通知書」などの書面をきちんと確認する必要があります。そして、労働条件通知書の内容が、求人票や面接での説明と違う場合には、会社に説明を求めたり、確認を求めたりといった対応が必要となることもあります。

[3]　労働基準法などの保護規定の確認

さらに、このような労働条件の明示のほかにも、労働基準法などでは、次のような労働者の保護規定を定め、会社（使用者）にこれらの規定を守るように義務付けていますので、新たに成年年齢に達することになる18歳や19歳の者は、これらの知識を身に付け、自身の労働契約が法令に適合しているのかを確認していく必要が生じます。

① 賃金の支払い（労働基準法24、最低賃金法4）

会社（使用者）は、賃金について、毎月1回以上、一定期間に、通貨で、全額を、直接本人に支払わなければならない。

賃金の額は、都道府県毎に定める最低賃金を下回ってはならない。

② 労働時間（労働基準法32）

原則として1週間の労働時間は40時間、1日の労働時間は8時間を超えてはいけない。

③ 休憩時間（労働基準法34）

労働時間が6時間を超えるときは、途中に45分以上の休憩時間を付与しなければならない。

④ 休日（労働基準法35）

原則として休日は毎週1日付与しなければならない。

4　社会保険関係（労災保険・雇用保険）への影響

このほか、成年年齢の引下げによって、労災保険や雇用保険といった社会保険関係への影響が懸念されますが、これら社会保険は年齢とは関係がなく、労働者であることによって適用があるものですので、成年年齢の引下げによる影響はないものと解されます。

第4節
労働契約以外（請負契約・委任契約など）における成年年齢の引下げに伴う影響

1 労働契約以外（請負契約・委任契約など）で仕事に関わる場合の注意点

　未成年者の仕事への関わりは、これまで述べた労働契約による場合が多いと思われますが、労働契約に限らず、請負契約や委任契約、業務委託契約などといった契約形態がとられることがあります。

　このような契約形態は、デザイナーや合唱団員など個人の専門的な技術や技能を発揮して仕事を行い、労働時間や就業場所、仕事のやり方についてある程度自由に行う仕事などによく用いられますが、専門的な技術や技能が必要な仕事以外にも用いられています。

　労働契約以外の契約形態が選択される背景には、仕事の遂行にある程度の裁量をもって行いたいという働く側の事情もありますが、労働契約の場合には労働契約法第16条により解雇ができる場合が制限されているなど、会社（使用者）側にとってのデメリットがあるため、これを回避し、コスト削減したいという事情が大きなウェイトを占めていることもあります。

　そして、このような労働契約以外の契約形態による場合の多くは、会社側（発注者・委託者）との間で対等な契約条件の交渉ができず、不利な契約条件を押し付けられたり、自由に仕事ができると説明を受けたものの、実際には会社（発注者等）から強い指揮命令を受けているということもあり、時には、突然、契約を打ち切られる事態も想定されます。このため、労働契約以外の契約形態によって仕事に携わる場合には、労働法上の保護

が受けられない分、労働契約以上に、きちんと契約内容を確認したり、法的な知識を身に付け、自ら必要な権利を行使していく必要があります。

2 労働契約以外の契約形態における成年年齢の引下げに伴う影響

[1] 概　要

このような労働契約以外の契約形態による場合、労働基準法における労働者保護の一般的な規定や未成年者への保護規定は適用されず、基本的には、労働契約に関して第2節2[1]で説明した民法による保護規定（法定代理人の同意や親権者の職業許可）による保護のみとなるため、成年年齢が引き下げられた場合、この民法による保護規定が適用されなくなるという影響が生じます。

[2]　法定代理人が契約内容を事前にチェックできなくなる

具体的には、18歳や19歳の者が請負契約や委任契約、業務委託契約を締結するにあたっては、これまでのような法定代理人の同意が不要となるため、親などが必ずしも事前に契約内容をチェックできなくなるということが考えられます。これによって、知識、経験に乏しい18歳や19歳の者が不利な条件の契約を強いられるおそれがあります。この影響は、前記第3節2[1]において説明した労働契約の場合と同様です。

[3]　未成年者取消権（民法120①）が適用されなくなる

また、成年年齢が引き下げられると、18歳や19歳の者が締結した請負契約等について、未成年者取消権（民法120①）の適用もなくなります。

その結果、労働契約以外の契約形態の場合に契約を解消しようとする場合、民法の各契約に関する規定に従うことになりますが、例えば委任契約を締結した18歳や19歳の者がその契約を解除しようとするケースでは、委任者である会社等に不利な時期に委任契約を解除する場合、やむを得ない事由がないときには、損害賠償をする必要が生じることになります（民法651②参照）。そのため、これを懸念して不当な契約条件のまま仕事を

強いられたり、実際にこのような賠償請求を受けたりする可能性が出てくるなどの影響が生じます。

3 労働契約以外の契約形態における成年年齢の引下げに伴う影響への対応策

[1] 契約条件の確認

そこで新たに成年年齢に達することになる18歳や19歳の者としては、まずは、契約の締結にあたっては、きちんと契約内容を確認する必要があります。

特に、若者の無知に乗じて、不利な契約条件を強いる仕事や危険な仕事は、労働契約ではない形態によるものが多く（例えば、風俗関係の仕事、販売ノルマを課し、ノルマが達成できない場合は賠償をさせる契約条件があるものなど）、これらは、仕事の応募に際して提示される報酬が高額であるため、若者がそれにつられて契約をしてしまうおそれがありますので、目先の利益や甘い誘い文句に騙されることなく、より慎重に契約条件を確認することが必要となります。

[2] 知識を身に付け、自ら権利行使をする

また、労働契約の場合と同様、新たに成年年齢に達する18歳や19歳の者も、自ら必要な知識を身に付け、権利を行使していく必要が生じます。

例えば前記 2 [3] では、委任契約の場合、委任者に不利な時期に契約を解除した場合には損害賠償を負う可能性があると説明しましたが、やむを得ない事情がある場合には、その賠償義務を負うことはありませんので、そのような権利主張ができることを理解しておかねばなりません。また、契約締結にあたって嘘の説明を受けていた場合には、詐欺を理由に契約を取り消すことができますので（民法96①）、このような知識を身に付け、権利行使をして、自分を守っていく必要も生じます。

もちろん、困ったときには、親など信頼できる人に相談して解決策を一緒に考えるということも大切です。

第6章

児童福祉

弁護士・社会福祉士　石坂　浩（いしざか　ひろし）

【著者紹介】
第4章参照

第1節

児童福祉と児童年齢

1 児童年齢と成年年齢

　本章では、児童福祉の観点から、民法の成年年齢改正（満18歳への引下げ）が与える重大な影響についてアプローチします。

　児童福祉の分野においては、その対象を「児童」として、原則としては18歳までの子どもを想定しています。そのため、民法の成年年齢が18歳に引き下げられることが児童福祉法の分野において直接的に影響することは、あまりないといえます。

　また、児童福祉関連法では、児童福祉施設の入所者等は原則として18歳になると自立するという制度設計がなされていることから、現状でも、18歳・19歳の若者を民法上も成年として扱い、法律上も「大人」として自立できるほうが好ましいという主張が根強くあります。

　しかしながら、その一方で、子どもの貧困や虐待が社会的問題としてクローズアップされている中、18歳を超えた者に対しても養護の手を差し伸べる必要があるとの観点から、福祉実務の現場において、成年年齢を引き下げることについての問題点が指摘されています。

　以下では、18歳を成年年齢とする制度が、子どもの自立、特に福祉的なケアを必要としている自立前の子どもにとってどのような影響を及ぼすのかを考える前提として、まず、児童福祉制度を説明することとします。

2 児童の定義

[1] 国際的定義

児童の権利について最初に国際的な議論が行われたのは、1909（明治42）年に当時のアメリカ大統領セオドア・ルーズベルトが主催した「要保護児童の保護に関する会議」です。その後、1924（大正13）年にジュネーブ児童権利宣言において「すべての児童は、等しくその生活を保護され、愛護されなければならない」と規定されました。戦後は、1959（昭和34）年に国連（国際連合）で児童権利宣言が制定されています。

現在の児童権利条約は1989（平成元）年に国連で採択され、日本は1994（平成6）年に批准しています。

児童権利条約は、原文は英語表記の【Convention on the Rights of the Child】となっており、「CHILD」を「児童」と訳すのが一般的ですが、「子ども」に関する権利条約とも表現されています。

では、「児童」とは何歳までを示すのでしょうか。児童権利条約の第1条には次のように定められています。

> For the purposes of the present Convention, a child means every human being below the age of eighteen years unless under the law applicable to the child, majority is attained earlier.（この条約の適用においては、児童とは18歳未満のすべての者を示す。但し、当該児童について適用される法律によってより早く成年に達した場合を除く。）

このように児童権利条約は、18歳未満の者を「児童」として扱っています。なお、但書にある「18歳よりも早く成人となる法律」を持つ国は、スコットランド、北朝鮮、ネパール、ブータン（女子）等ごく僅かです。

[2] 日本国内法

わが国の児童に関する定義は、時代によって変遷しています。

まず、戦前の1933（昭和8）年には旧児童虐待防止法が施行されており、

ここでは14歳未満の者が児童として対象となっていました。

　さらに、児童権利条約を批准した1994年よりも相当前の1951（昭和26）年に、日本は、児童憲章を宣言しています。児童憲章では、1946（昭和21）年に公布された憲法の精神に従い、翌1947（昭和22）年に制定された児童福祉法の基本理念である「次世代の社会の担い手となる児童の健全育成と福祉の積極的増進」を徹底しています。

　そして、現行の法律において、「児童」という文言が条文上記載されている法律とその対象年齢は、概ね以下のとおりです。

　①　児童福祉法・児童虐待防止法・児童買春ポルノ禁止法　**18歳未満**
　②　母子及び父子並びに寡婦福祉法　**20歳未満**
　③　児童手当法・児童扶養手当法　**18歳を迎えた年の3月31日まで**
　④　特別児童扶養手当（障害児）　**20歳未満**

　②の母子及び父子並びに寡婦福祉法はあまり馴染みがないものかもしれませんが、主にいわゆるシングルマザーに関する法律で、扶養している子どもが20歳の成年になると、その子を扶養していた母親は「寡婦（かふ）」と呼ばれます。この概念から、20歳未満の者を児童と定義しています。また、④の特別児童扶養手当においては、障害児に対しては18歳以上においても手厚く保護する必要性から、児童の概念自体を20歳未満としています。

[3]　児童と未成年者

　児童という概念とは別に「成年」または「成人」という概念に対するものとして、成年に満たない者は「未成年者」と呼ばれます。そして、成年になる年齢は、各国の法律により様々です。わが国はこれまで20歳が成年年齢とされてきました（民法4）。

　国際比較では、18歳を成年としている国が最も多いですが、これ以上の年齢の国も存在します【19歳（アルジェリア）、20歳（日本、ニュージーランド、タイ、台湾、チュニジア、パラグアイ他）、21歳（アルゼンチン、インドネシア、エジプト、カメルーン、ギニア、コートジボアール、サモア、シ

ンガポール、ボツワナ、マダガスカル、南アフリカ、モナコ、ルワンダ他）】。

3 各種の概念

[1] 未成年者

「児童」と成人に満たない「未成年者」は異なる概念です。わが国でも、「児童」は原則として18歳未満の者ですが法律によって20歳未満となる場合があるのに対し、「未成年者」は20歳未満の者とされています（民法4）。

[2] 乳児（新生児）・幼児

児童よりも年齢が低い概念として、「乳児」、「新生児」と「幼児」というものがあります。乳児は誕生から満1歳未満を示すもので、児童福祉法と母子保健法に出てきます。また、新生児とは生後4週間（28日目）までの赤ちゃんで、母子保健法の概念です。

COLUMN　20歳の誕生日を迎えていなくても『成人』？

わが国においては、「成年」になる節目に「成人」式が行われます。そして、近現代の日本社会における「成人」式は、終戦後から平成の初めまでは、大半の地域で1月15日の「成人の日」に行われ（旧国民の祝日に関する法律）、前年の成人式の翌日から翌年明の1月15日までに満20歳になった人を対象としていました。しかし、この制度だと1月16日から4月1日までの早生まれの人は、下の学年の成人式の対象となり、学年齢（4月1日基準）を採用しているわが国の制度にそぐわないという指摘がありました。そこで、現在では学齢方式に変更され、4月2日から翌4月1日生まれの人が同じ成人式の対象となり（19歳で出席する人が出てきます）、成人の日も1月の第2月曜日として国民の祝日に関する法律が改正されたという経緯があるそうです。

つまり、現在のわが国では、「20歳になる学年」が、等しく「成年（成人）」になるとの理解がなされることもあるのです。

これに対して、幼児とは満1歳から小学校就学前（通常は満6歳となった後の最初の4月1日）までの子どもを示し、やはり児童福祉法と母子保健法に定められています。

[3]　**少　年**

　少年とは児童福祉法と少年法に定められている概念ですが、その対象は法律によって異なります。まず、児童福祉法上の少年は、小学校就学後から18歳に達するまでの子どもです。これに対して、少年法では20歳未満の者を示します。なお、少年法では、「少年」をさらに細かく定義し、刑事事件の対象となるのは14歳以上の少年であり（犯罪少年といいます）、14歳未満の子どもが刑法等の刑罰法規に抵触した場合でも、刑罰の対象とはならないとしています（触法少年といいます）。一般的に、14歳以上20歳未満の少年が犯した事件を少年事件といい、家庭裁判所の審判対象（少年院送致や保護観察処分等の保護処分）の対象となります。

　少年法についての詳細は**第7章**を参照ください。

第2節

児童の権利・児童福祉関連法

1 児童の権利

　児童の権利を定めた児童権利条約は、児童の基本的人権を国際的に保障する条約であり、前文と54か条から構成されています。この児童の基本的人権として、生存、発達、保護、参加という規定があり、児童自身が行使することができる能動的権利として、意見表明権、表現・情報の自由、思想・良心・信教の自由、集会・結社の自由が保障されています。

　わが国は、1994年に同条約に批准したことに基づき、それ以前の各種法令に加え、これらの権利や自由を保障するために、児童ポルノ禁止法（1999年）、児童虐待防止法（2000年）などを制定しています。

2 児童福祉法

　「児童」に関する基本法である児童福祉法は、終戦間もない1947（昭和22）年12月に制定されました。全73か条から構成される各条文には、児童福祉施設に関する規定や障害児の保護規定、保育士の規程や里親制度、有害行為等の禁止まで広範囲にわたって規定されています。また、同法が旧児童虐待防止法（1933年制定）を統合した部分もあることから、15歳未満の児童への酷使の禁止など（児童福祉法34等）も含まれています。また、近年では改正がとても多く行われているため、法律の条文の枝番（○○条の2～）が非常に多く、福祉の専門家たる社会福祉士や、法律の専門家である弁護士でも使いこなすのがとても難しい法典といえます。

　児童福祉法では、基本原理を定めた第1条が「すべて国民は、児童が

心身ともに健やかに生まれ、かつ育成されるよう努めなければならない」と規定していますが、平成30年4月1日からは「全て児童は、児童の権利に関する条約の精神にのっとり、適切に養育されること、その生活を保障されること、愛され、保護されること、その心身の健やかな成長及び発達並びにその自立が図られることその他の福祉を等しく保障される権利を有する。」と改正されます（平成28年6月3日法律第65号）。これは、前述の児童権利条約の理念を反映させて、その主体を国民から児童自身に変えたものですが、基本原理である第1条が変更されることはとても珍しいと思います。それだけ、わが国の児童福祉の分野は大きな変革期にあるといえるでしょう。

また、同法第4条では「児童とは満18歳に満たない者をいい、次のように分ける。」と定めており、

 1号 **乳児** 満1歳に満たない者
 2号 **幼児** 満1歳から小学校就学の始期に達するまでの者
 3号 **少年** 小学校就学の始期から満18歳に達するまでの者

と規定されています。

このように、児童福祉法では、「児童」とは18歳未満の子どもなのです。

3 その他児童福祉関連法律

では、児童福祉法以外の法律は、どのような内容であり、特に、何歳までの子どもを対象としているでしょうか。

[1] 児童虐待防止法

「児童虐待の防止等に関する法律」は、児童虐待の相談件数が当時急増する中で社会問題化したため、2000（平成12）年に議員立法によって成立しました。

しかし、その後も児童虐待の相談件数は増加しており、平成27年には約10万3,000件という膨大な数になっています（平成24年の総数である約6万6,700件からも急増しています）。同法が規制する虐待の内容としては、

①心理的虐待、②身体的虐待、③ネグレクト（保護の怠慢・拒否）、④性的虐待となっており（児童虐待防止法2）、そのうち夫婦間DVを子どもの前で行うことなどを含む心理的虐待の発生件数が最も多いようです。虐待事案の虐待者は実母が約51％、実父が約36％です。虐待対象者は、小学生が約35％、3歳児～学齢前は約23％です（以上、厚生労働省「平成24年～同27年福祉行政報告例」）。

児童虐待防止法では、**図表1**の各条文によって虐待を防止するものとなっています。

【図表1】児童虐待防止法による虐待防止規定

制度項目	条文	内容
虐待の禁止	3条	すべての国民の児童DVを禁止
早期発見義務	5条	児童福祉関係者（学校、児童施設、医師、保健師、弁護士等）の早期発見に関する努力義務
通告義務	6条	児童虐待（思われる場合を含む）発見した人の通告義務 ※秘密保持義務より優先する
情報管理	7条	通報を受けた自治体（福祉事務所・児童相談所）の秘密保持
被通告者義務	8条	通告を受けた行政機関に対する安全確認措置義務及び児童相談所への送致
出頭要求等	8条の2	知事（児童相談所）の保護者に対する出頭・調査・質問に関する措置
立入調査	9条	知事（児童相談所）の児童の住所・居所に対する立ち入り権
臨検捜索	9条の3	知事（児童相談所）の臨検及び児童の捜索 ※要件①保護者の再出頭要求拒否、②安全確認・確保の必要性、③裁判所の許可令状
補助要請	10条	安全確認（8条）、一時保護（12条の2）、臨検（9条の3）に際して警察署長に対する援助を求める
面会等制限	12条	保護者の児童に対する面会・通信の制限
一時保護	12条の2	児童相談所長は虐待のおそれのある児童を一時保護できる（期間は原則2か月）
行動制限	12条の4	知事の保護者に対する面会やつきまといの禁止命令

では、児童虐待防止法において対象者となる児童とは何歳でしょうか。同法第2条に定義があり、『児童虐待』とは、『保護者』がその監護する『児童』を対象として行う虐待であり、『児童』とは18歳に満たない者をいうとしています。

　実際にも虐待の被害に遭う児童は小学生以下の子どもが大半であり、18歳と定めていることに特段の不都合は指摘されていません。なお、18歳や19歳の者に対して、親権者や養育者が虐待に相当する行為を行った場合にもこれが規制されないのではなく、刑法等の刑罰法規（傷害や暴行脅迫、保護責任者遺棄、強制わいせつ等の各犯罪）に該当することはもちろんです。

[2]　配偶者からの暴力の防止及び被害者の保護等に関する法律

　配偶者からの暴力の防止及び被害者の保護等に関する法律（DV防止法）は、配偶者間や内縁の夫婦（婚姻の届出をしていないが事実上の婚姻関係にある者）間でのDVの防止を定めています。同法は、DVの相談件数の増加を背景に、DV防止法として社会的にも注目されていますが、被害者（配偶者または内縁関係にある当事者）の「子」に対する保護も規定しています。

　例えば、同法第10条の保護命令は、被害者の住所や職場周辺でのつきまといを禁止するだけでなく（同条①）、被害者の子の住居や学校等に対するつきまといや徘徊も禁止しています（同条③）。この「子」とは、「成年に達しない子」と定義され、夫婦間暴力（DV）で保護される子どもは、児童ではなく、民法を基準にその成年年齢（20歳）に達しない子とされているのです。

　そうすると、成年年齢が20歳から18歳へと引き下げられた場合には、同DV防止法で保護される子どもの範囲も、条文解釈上は18歳に引き下げられることになります。そのため、民法の成年年齢の改正がなされた場合の対応として、それでよいのかどうかを検討すべきではないかと思われます。

[3] 母子及び父子並びに寡婦福祉法

　1964（昭和39）年に母子福祉法が制定され、同法は1981（昭和56）年に母子及び寡婦福祉法となりました。さらに、2002（平成14）年には男女平等の視点から、対象範囲が母子家庭だけでなく父子家庭も含むようになり、2014（平成26）年には母子及び父子並びに寡婦福祉法と法律名も変更されました。

　ここで「寡婦」とは、もともとは母子家庭の母で、子どもが20歳を超えた場合の母を「寡婦」といいます。

　同法は、ひとり親家庭を支援する法律で、母子・父子福祉施設について定めています。母子・父子福祉施設とは、母子・父子福祉センターと母子・父子休養ホームの2つがあり、相談支援や生活指導、レクリエーション等の休養の便宜を提供しています。

　保護対象者の年齢の点で注目すべきは、同法の第6条第3項では「この法律において児童とは、20歳に満たない者をいう。」とされ、他の法律と異なり「児童」を20歳未満として成人前の子（未成年）と同意義に解していることです。これは、前述のとおり、寡婦という概念自体が未成年者を一人で養育していた母親であって子どもが成人に達した者と定義されたことと平仄をあわせるためだと考えられます。

　そのため、成年年齢が20歳から18歳に引き下げられた場合には、寡婦の概念をどのように解釈すべきか、同法の規定をそのままにしておいてよいか、といった点が問題となると考えられます。

[4] 母子保健法

　母子保健法は、母性及び乳幼児の健康保持と増進を図る目的で1965（昭和40）年に制定され、母子健康手帳の交付や妊産婦や乳幼児に対する保健指導・健康診断、母子健康センターの設置等を定めています。現在の母子保健法は、主に小学校入学前の児童（幼児）を対象としているため、成年年齢の引下げとは直接関係ありません。

　もっとも、このうち、同法が定める以下の健康診断が昨今重要な役割を

有しており、子どもの健康確認はもちろん、妊産婦や子育てをする養育者のケア、子どものDV発見の端緒として機能しています。

妊産婦健康診断	妊産婦の受診14回分が公費負担
乳児健診（前期）	生後3か月〜6か月の乳児健診
乳児健診（後期）	生後9か月〜11か月の乳児健診
1歳半健診	1歳6か月から2歳の幼児健診
3歳時健診	3歳児〜4歳児の幼児健診
就学時健診	小学校入学前　※以後は教育委員会が実施

なお、就学後の健康診断は学校保健安全法に基づいて実施されます。

第3節

児童福祉施設

1 概 要

　児童福祉については、前述のとおり、児童福祉法が児童の福祉に関する事項を広範に定めていますが、近時、虐待等のニュースにおいて、児童相談所や児童福祉施設が注目されています。

　児童相談所については、弁護士の配置またはこれに準ずる措置を行うことが定められるなど（児童福祉法12③）、近年法改正が頻繁になされていますが、本節では、未成年者である児童が利用する施設面に着目して解説します。

2 児童福祉施設—利用と措置

[1] 概 要

　児童福祉法上の児童福祉施設は全部で12種類あります（児童福祉法7、次ページ図表2）。

[2] 利用方式と措置方式

　図表2で紹介した各施設は、どのような条件（要件）で利用がなされるのでしょうか。

　もともと児童福祉施設は行政処分である「措置」を前提として、児童や保護者が入所や利用を行っていました（措置方式）。保育園も「保護に欠ける児童」について措置を前提として利用が開始していたのです。

　しかし、こうした措置方式が利用者の実態にそぐわないとして、利用方式（契約方式）が導入され、まずは1997（平成9）年に④保育所が、2000

【図表2】児童福祉法上の児童福祉施設

	施　　設	施設形態	方　式	役　　割
①	助産施設	第二次福祉事業	利用方式	経済的理由により、入院助産を受けることができない妊産婦の出産を助ける
②	乳児院	第一次福祉事業	措置方式	1歳未満の保護者の養育を受けられない乳幼児を養育
③	母子生活支援施設	第一次福祉事業	利用方式	配偶者のない母親またはこれに準ずる事情にある母親とその子どもの保護、自立促進支援
④	保育所（保育園）	第二次福祉事業	利用方式	保護者の労働等により日中家庭での保護・養育
⑤	幼保連携型認定保育園（認定子ども園）	第二次福祉事業	利用方式	地域の実情や保護者のニーズに応じて選択が可能となるよう多様なタイプがある
⑥	児童厚生施設	第二次福祉事業	概念なし	児童遊園、児童館など児童に健全な遊びを与えて健全に育成する目的で設置
⑦	児童養護施設	第一次福祉事業	措置方式	保護者のない児童や保護者に監護させることが適当でない児童に対し、安定した生活環境を整える
⑧	障害児入所施設	第一次福祉事業	利用方式	身体に障害のある児童、知的障害のある児童または精神に障害のある児童（発達障害児を含む）に対する保護、日常生活の指導、知識技能の付与
⑨	児童発達支援センター	第二次福祉事業	概念なし	通所・入所のサービスがあり、障害児の日常生活の基本的な動作の指導などの支援を行う
⑩	児童心理治療施設（旧情緒障害児短期治療施設）	第一次福祉事業	措置方式	心理的・精神的問題を抱え日常生活に支障をきたしている子どもに、医療的な観点から生活支援を基盤とした心理治療を行う

⑪	児童自立支援施設	第一次福祉事業	措置方式	非行問題を中心に対応。児童養護施設等では対応が難しくなった児童の移転先としての役割も果たす。
⑫	児童家庭支援センター	第二次福祉事業	概念なし	地域の児童福祉に関する問題についての相談に応じ、必要な助言を行う。

<注>福祉施設には第一次社会事業施設と、第二次社会事業施設があり、第一次施設は、公共性が強く、公費負担の割合も多いためその設置要件も厳格であることから、地方自治体や社会福祉法人等の公益的組織でないと運営できません（社会福祉法2）。これに対して、第二次施設の要件はそれほど厳格ではなく、社会福祉法人以外の株式会社やNPO法人でも設置できます（種類によっては株式会社の運営はできません）。

（平成12）年に①助産施設と③母子生活支援施設が利用方式へと改められました。⑧障害児入所施設も、2003（平成15）年の支援費制度を契機に措置制度から利用（契約）方式になりました。

一方で、②乳児院、⑦児童養護施設、⑩児童心理治療施設（旧情緒障害児短期治療施設）、⑪児童自立支援施設の4種類は、現在でも措置方式で行政の処分を前提としています。後記3、4とも関係するため若干詳しく解説します。

②**乳児院**は、1歳未満の乳児を入院させて養育する施設で、保護者の養育を受けられない乳幼児を養育し、基本的な養育機能に加え、被虐待乳児・病児・障害乳児などに対応できる専門的養育機能を持ちます。現在は全国に136か所あり、定員3,877人で現員2,901人です（厚生労働省「社会的養護の施設等について」（平成29年版））。

⑦**児童養護施設**は、保護者のない児童や保護者に監護させることが適当でない児童に対し、安定した生活環境を整えるとともに、生活指導、学習指導、家庭環境の調整等を行いつつ養育を行い、児童の心身の健やかな成長とその自立を支援する機能を持ちます。現在は全国に603か所あり、定員は3万2,613人で現員2万7,288人です（同上）。

⑩**児童心理治療施設**（旧情緒障害児短期治療施設）は、心理的・精神的問題を抱え日常生活の多岐にわたり支障をきたしている子ども達に、医療的な観点から生活支援を基盤とした心理治療を行います。施設内の分級など学校教育との緊密な連携を図りながら、総合的な治療・支援を行います。現在は全国に46か所あり、定員1,708人で現員1,264人です（同上）。

⑪**児童自立支援施設**は、子どもの行動上の問題、特に非行問題を中心に対応しており、平成9年の児童福祉法改正により「教護院」から名称を変更し「家庭環境その他の環境上の理由により生活指導等を要する児童」が対象に加えられ、非行ケースへの対応はもとより、児童養護施設等では対応が難しくなった児童の移転先としての役割も果たしています。少年法に基づく保護処分の入所施設でもあり、大多数が公立施設となっています。現在は全国（全都道府県）に58か所あり、定員3,686人で現員1,395人です（同上）。

3 対象児童

1・2で紹介したとおり、保護者のいない児童や被虐待児童など家庭環境上養護を必要とする児童に対して、児童養護施設が公的な責任として社会的養護を担っています。また、近時では里親委託やファミリーホーム（5～6人の家庭養護）、自立援助ホーム（主に児童福祉施設を退所した児童の受入れ）、その他の児童施設以外の養護も積極的に行われています。

そして、施設入所とそれ以外の養護の対象児童は合わせて約4万6,000人にも上ります（厚生労働省「社会的養護の現状」（平成29年版））。少子化の時代にもかかわらず、非常に多い数字になっていると思われます。

これら児童福祉施設及び里親支援を受ける子どもの対象年齢は、「児童」であることから原則として18歳とされています。しかしながら、児童福祉法第31条は、母子生活支援施設、小規模住居型児童養育事業を行う者（ファミリーホーム）、児童養護施設、障害者入所施設、児童心理治療施設、児童自立支援施設の利用については、20歳に達するまで利用することが

できます（同条①、②）。つまり、⑦**児童養護施設**、⑩**児童心理治療施設**、⑪**児童自立支援施設**の3施設のように、例外的な措置（行政処分）を利用開始の要件としている第1次福祉施設であっても、18歳・19歳の利用が認められているのです。

また、児童相談所運営指針においても「児童福祉施設等に入所した子どもが、18歳に達しても施設に入所を継続する必要がある場合には、20歳に達するまで…更に施設入所を継続させることができる。特に子どもの自立を図るために継続的な支援が必要とされる場合には、積極的に在所期間の延長を行う。」との通達がなされています（平成2年3月5日児発133）。

ただ、同指針が出された後でも、児童養護施設では18歳の年度末（高校卒業時）で就職または進学等により施設を退所するケースが多かったため、平成23年12月には同指針を積極的に運用するように、厚生労働省が再度各施設に対して通知しています。この通知では、

「措置延長の積極的活用について―児童養護施設等に入所した児童や里親等に委託した児童については、…満18歳を超えて満20歳に達するまでの間、引き続き措置を行うことができることから、当該規定を積極的に活用すること。（以下の場合には積極的活用が求められる＝著者注）

① 大学等や専門学校等に進学したが生活が不安定で継続的な養育を必要とする児童等

② 就職又は福祉的就労をしたが生活が不安定で継続的な養育を必要とする児童等

③ 障害や疾病等の理由により進学や就職が決まらない児童等であって継続的な養育を必要とするもの」

こうした通知運用の結果、高校卒業時に措置延長を行った児童の割合は、平成22年度は9.6％だったのに対し、平成26年度は16.3％まで上昇しています。

4　児童福祉施設の狭間

　児童福祉施設は、保護者がいない児童や虐待を受けた児童が養育される重要な施設であり、いわば子どもの生死に関わるセーフティーネットです。特に、各施設の中でも児童養護施設と児童自立支援施設では間もなく18歳を迎える児童が多く生活しており、現在では施設利用の延長が積極的に行われています。これは、児童福祉法の「18歳で自立」という制度設計では、セーフティーネットから漏れる児童が出てくることから取られている施策です。

　今回、成年年齢を18歳とする立法を考える上では、子どもの世界、特に社会的養護が必要な児童福祉分野においては、18歳・19歳の子どもが制度の狭間にあるという事実には注意する必要があります。

第4節

児童福祉と成年年齢

1 児童保護の要請

　前節までに詳しく紹介した児童福祉の機能は、「児童」が社会的に自立するまでの養育を社会が担うというものです。そして、児童が自立する年齢については、時代や国、地域によって様々な考え方があり、その視点については、第4章「未成年後見制度」の第3節「③　自立支援」でも述べています（95ページ）。また、「④　専門職未成年後見人の実務」で述べた身上監護①（貧困支援）、身上監護②（福祉的対応）の必要性についても（96～98ページ）、児童福祉施設の子どもについてもそのまま当てはまります。

　特に、児童福祉施設に入所する児童の家庭は貧困家庭であることが多く、また、児童自身が保護者から虐待を受けた経験、何らかの障害がある場合が非常に多いのが実態であるとされています。このような環境下にある児童には、社会的に手厚い養護が必要であることはいうまでもありません。

　他方で、子供の自立という観点からは、児童福祉施設を就職によって18歳で退所する場合、アパートや携帯電話を契約する際に、現行法では未成年者単独ではできないという不都合があることなどから、施設の退所年齢である18歳の者は、もはや「児童」ではないのだから法律上も「成年」として扱うべきとの議論がなされています。

　しかしながら、第3節③で述べた児童福祉施設の18歳以降の措置延長が認められる要件とされる「①大学や専門学校等に進学したが生活が不安定、②就職又は福祉的就労をしたが生活が不安定、③障害や疾病等の理由により進学や就職が決まらない」という事情については、児童福祉制度に

より養護されている児童（約4万6,000人）の中の18歳、19歳の者に限らず、わが国の大半の家庭の子どもに当てはまるのではないかという疑問は必ずしも払拭されているとはいえません。

　大学生や専門学校生、就業者の別を問わず、18歳、19歳の者を取り巻く環境は、なかなか厳しいのが現実です。まして福祉施設等の養護対象となっていた「児童」が、いきなり自立できるかといえば、そのような子どももごく少数であるという事情には留意するべきです。

2　成年年齢引下げ論―児童福祉政策

　前述のとおり、厚生労働省の児童福祉施設の措置延長に関する通達も、既に平成2年の段階で、「特に子どもの自立を図るために継続的な支援が必要とされる場合には、積極的に在所期間の延長を行う。」としており、平成23年にも同指針の積極的運用が通知されています。政府としては、児童福祉という観点からは、18歳までの保護では足りず、20歳までの福祉的なケアを想定しているのです。法律上も、先の児童福祉法の施設利用年齢の条文（児童福祉法31）は、20歳までの利用ができるように変更されています。さらには、平成28年度予算では、児童養護施設の入所利用年齢について、就学中の場合においては「22歳まで延長を可能」とする予算措置も取られています。

　このような中で成年年齢が18歳に引き下げられることになると、一般論としては成年と児童の統一的な取扱いがなされることになります。しかし、他方で、18歳以上の若年者で特に就学援助や自立援助等で福祉的なアプローチが必要な者に対しては、手厚い保護を行う政策が行われているという実態があります。そして、民法の成年年齢の引下げによってこの18歳超過年齢層に対する福祉保護政策を止めるような議論は今のところはないようです。

　そうだとすると、今後の法律の解釈においても、保護されるべき未成年者や児童の年齢は原則18歳までとしつつ、上述のとおり児童福祉法第31

条（保護期間）が「20歳」と改正された事実や福祉政策の積極的運用が求められている現状を踏まえ、成年年齢が18歳とされても、福祉的立場から例外的に18歳以上の若年層を保護するということは維持されるべきだと思います。

第 7 章

少年法

弁護士 田中 和人（たなか　かずひと）

【略歴】
平成 20 年　弁護士登録（第一東京弁護士会）
【所属・公職等】
明倫法律事務所（平成 29 年 10 月〜　銀座櫻井綜合法律事務所）
平成 22 年　第一東京弁護士会 少年法委員会委員
（平成 28 年　第一東京弁護士会 子ども法委員会に改称）
平成 28 年　第一東京弁護士会 子ども法委員会副委員長
【主な著作】
『子どものための法律相談（第 2 版）』（共著、平成 26 年、青林書院）
『少年事件ハンドブック』（共著、平成 27 年、青林書院）

第1節 少年法適用年齢の引下げについて

1 少年法の適用とは

[1] 少年の犯罪には原則として家庭裁判所での手続がとられる

　犯罪行為をした人は、通常、刑事裁判を受けて罰せられます。刑事裁判は、地方裁判所（一部の事件は簡易裁判所）での手続（刑事裁判手続）になります。

　これに対し、少年法は、特に、犯罪行為をした少年について、特有の取扱いを定めています。

　「少年」に対しては、少年法が適用されることにより、原則として刑事裁判手続とは異なり、家庭裁判所における独自の手続（少年審判手続）がとられます。

[2] 法律上の犯罪に該当しなくとも、少年は家庭裁判所での手続を受ける場合がある

　成人であれば、犯罪行為に該当したとの疑いがない限り、刑事裁判手続を受けることはありません。

　これに対し、少年法は、犯罪をしたとはいえない少年についても、特有の取扱いを定めています。「少年」に対しては、少年法が適用されることにより、犯罪行為をしたとはいえない場合であっても、少年審判手続がとられることがあります。

[3] 少年法が適用される「少年」とは

　少年法は、上記のように少年について成人と異なる手続の対象とするため、年齢によって、少年と成人を区別しています。

少年法の適用年齢について、現行の少年法第 2 条第 1 項は、次のように定めています。

> この法律で「少年」とは、二十歳に満たない者をいい、「成人」とは、満二十歳以上の者をいう。

現在、本書の対象となっている民法の成年年齢の引下げの問題とは独立して、この年齢を「18 歳未満」に変更して、少年法の適用年齢を引き下げる（対象となる少年の範囲を限定する）ことが議論されています。

なお、「少年」には、男子だけでなく女子も含まれます。

2 少年法適用年齢が引き下げられるとどうなるのか

それでは、少年法適用年齢が現行の 20 歳未満から 18 歳未満へと引き下げられると、具体的にはどのようなことが起こるのでしょうか。

ともに 18 歳で、現に犯罪行為をしてしまったAさんと、犯罪をしていないけれども問題を抱えるBさんのケースで考えてみましょう。

[1] 犯罪行為をしてしまった場合―Aさんのケース

(1) 少年法適用年齢が 20 歳未満の場合（現行の少年法）

例えば、18 歳のAさんが他人を殴って怪我をさせた（傷害罪を犯した）というケースを考えてみましょう。

18 歳であるAさんには、少年法が適用されます。

Aさんは、警察に逮捕されると検察を経た上で、原則として、「刑事裁判手続」ではなく、少年や家庭の問題などを専門的に扱う「家庭裁判所」の手続（少年審判手続）で取り扱われます。

少年審判は、関係者以外は傍聴することができない「非公開」の審判廷で行われます。家庭裁判所は、Aさんの問題性（性格や生活状況など）を広く「調査」します。その間、Aさんは少年鑑別所という施設に入って心理検査などを受けることもあります。

家庭裁判所は、こうした調査結果を踏まえて審理し、Aさんの処分を決

めます。もっとも、これはＡさんへの刑罰（制裁）ではなく、「保護処分」といわれます。

　なお、Ａさんには少年法が適用されますが、例外的にＡさんに刑事裁判手続がとられることもあります。

(2)　**少年法適用年齢が18歳未満に引き下げられた場合**

　18歳であるＡさんには、少年法が適用されなくなります。そのため、Ａさんの事件は、成人の刑事事件として取り扱われます。

　Ａさんは、警察に逮捕されると検察の調べを受けます。検察官は、Ａさんを刑事裁判にかける（起訴する）かどうかを判断し、検察官がＡさんを起訴すると、Ａさんは「刑事裁判手続」を受けます。

　刑事裁判は、誰でも傍聴できる「公開」の法廷で行われます。刑事裁判の裁判所は、家庭裁判所のように、Ａさんの性格や生活状況などまで詳細に調査しませんので、そのための少年鑑別所のような施設もありません。

　刑事裁判では、審理の結果を踏まえ、裁判所がＡさんの処分を決めますが、これは、罪を犯したＡさんに対する「刑罰」（制裁）になります。

[2]　**犯罪行為までは行っていない場合―Ｂさんのケース**

(1)　**少年法適用年齢が20歳未満の場合（現行の少年法）**

　例えば、18歳で高校生のＢさんのケースを考えてみましょう。

　Ｂさんは、日常的に万引きや喧嘩を繰り返す不良仲間と付き合い、親の注意も聞かずに学校をサボり、自宅にも戻らず遊び回っています。仲間たちの話を見聞きするうちに、たとえ自分はやっていなくても、万引きや暴力などについて、「大したことない」、「みんながやっていること」、「バレなければ大丈夫」といった気持ちを抱くようになっています。

　もっとも、Ｂさん自身は、まだ現実に犯罪行為をしてはおらず、こうした生活自体が犯罪になるわけでもありません。

　しかし、Ｂさんのように一定の素行不良があり、その性格や環境に照らして将来的に犯罪を起こすおそれがある場合、少年法では、ぐ犯性があるとして、その少年（「ぐ犯少年」といいます）についても、少年審判手続を

とるとしています。

そのため、18歳であるBさんには少年法が適用され、Bさんは、ぐ犯少年として少年審判手続を受けることがあります。この場合も、Aさんと同じように家庭裁判所で調査などが行われて処分が決められます。その結果、たとえ犯罪行為をしていなくとも、Bさんは、保護処分を受けて少年院に入院することもあります。

(2) **少年法適用年齢が18歳未満に引き下げられた場合**

少年法適用年齢が18歳未満に引き下げられた場合、Bさんには、少年法が適用されなくなります。

その結果、Bさんにぐ犯性があったとしても、少年審判手続がとられることはありません。あくまで犯罪と疑われる行為がない限り、成人と同じく、刑事裁判手続はとられません。

3 少年と成人の手続の流れ

こうした少年と成人の手続全体を示したものが、図表1と図表2です。

図表1は、少年に対する手続の流れを示しています。

現行の少年法では、犯罪行為をしたAさんは、図表1の上部にある「犯罪少年」に当たります。将来的に罪を犯すおそれがあるBさんは、図表1の上部にある「ぐ犯少年」になります。図表1にあるように、Aさんだけでなく、Bさんに対しても、少年審判手続がとられます。

なお、図表1にあるとおり、犯罪をすれば少年であっても刑務所（少年刑務所）に行くことはありますが、家庭裁判所が直接、こうした刑事施設に送致する処分をすることはありません。

他方、図表2（154ページ）は、犯罪行為をした人に対する刑事裁判手続を含む手続全体（刑事司法手続）の流れを示しています。

現行の少年法の下でも犯罪をしたAさんは、この刑事司法手続の対象となる可能性がありますが、Aさんは「少年」である以上、原則として図表1の手続を受けます。なお、犯罪をしていないBさんは、図表2の手続で

【図表1】非行少年に対する手続の流れ（平成 27 年）

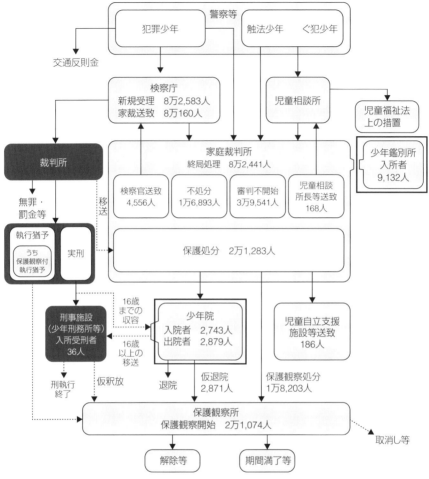

注1　検察統計年報、司法統計年報、矯正統計年報及び保護統計年報による。
　2　「検察庁」の人員は、事件単位の延べ人員である。例えば、1人が2回送致された場合には、2人として計上している。
　3　「児童相談所長等送致」は、知事・児童相談所長送致である。
　4　「児童自立支援施設等送致」は、児童自立支援施設・児童養護施設送致である。
　5　「出院者」の人員は、出院事由が退院又は仮退院の者に限る。
　6　「保護観察開始」の人員は、保護観察処分少年及び少年院仮退院者に限る。
※平成28年版犯罪白書掲載資料を一部加工
（法制審議会少年法・刑事法（少年年齢・犯罪者処遇関係）部会「第2回会議配布資料・統計資料2」（5ページ）資料番号2－1より）

【図表2】刑事司法手続の流れ（平成27年）

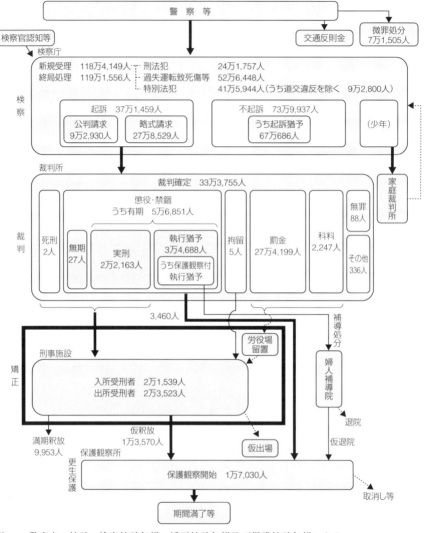

注1　警察庁の統計、検察統計年報、矯正統計年報及び保護統計年報による。
2　各人員は平成27年の人員であり、少年を含む。
3　「検察庁」の人員は、事件単位の延べ人員である。例えば、1人が2回送致された場合には、2人として計上している。
4　「出所受刑者」の人員は、出所事由が仮釈放又は満期釈放の者に限る。
5　「保護観察開始」の人員は、仮釈放者、保護観察付執行猶予者及び婦人補導院仮退院者に限る。
6　「その他」は、免訴、公訴棄却、管轄違い及び刑の免除である。
※平成28年版犯罪白書掲載資料を一部加工
（法制審議会少年法・刑事法（少年年齢・犯罪者処遇関係）部会「第2回会議配布資料・統計資料2」（6ページ）資料番号2-2より）

は取り扱われません。

これに対し、少年法適用年齢が18歳未満に引き下げられると、Aさん、Bさんともに、図表1の手続では取り扱われなくなります。

4 18歳から現在の成人と同じ取扱いになる?

このように少年法適用年齢を18歳未満に引き下げるかどうかという問題は、犯罪行為をした、あるいは犯罪をするおそれがある18歳や19歳の人を、現在の成人と同じような手続で取り扱うべきかどうかという問題として理解できます。

もっとも、少年法適用年齢引下げの議論では、併せて、適用年齢を引き下げたとしても、18歳や19歳の人をこれまでの成人の刑事司法手続と全く同じように取り扱ってよいのか、何かしらの手当が必要ではないかなども検討されています。

そのため、少年法適用年齢引下げの議論は、単純に、18歳以上を成人と同じにするといったものではありませんが、やはり、少年法適用年齢が18歳未満に引き下げられると、18歳以上について、少年審判手続で取り扱われなくなるという点は重要です。

5 公職選挙法や民法が変われば、少年法適用年齢も自動的に引き下がるわけではない

少年法適用年齢は、少年法とは異なる法律である公職選挙法の選挙権年齢や民法の成年年齢の引下げに合わせて、当然に18歳に引き下がるというものではありません。

公職選挙法において上記のAさんやBさんが選挙権を持ち、民法上も成年となって一人で自由に取引(契約など)ができるようになったとしても、AさんやBさんに対して、引き続き少年法を適用するということも考えられます。

第2節

少年法を知る―どうして少年に特別な手続を定めているのか

1　少年法の考え方

　前記のAさんやBさんに少年法が適用されると、成人と異なる取扱いがなされますが、なぜ少年法は、少年を成人と区別するのでしょうか。

[1]　刑事裁判手続の目的―真相解明と刑罰（制裁）

　刑事裁判手続の目的について、これを規定する刑事訴訟法第1条には次のように定められています。

> この法律は、刑事事件につき、公共の福祉の維持と個人の基本的人権の保障とを全うしつつ、事案の真相を明らかにし、刑罰法令を適正且つ迅速に適用実現することを目的とする。

　このように刑事裁判手続では、犯罪事案の「真相を解明」して、罪を犯した人に対し「刑罰法令を適正且つ迅速に適用実現」すること（制裁を科すこと）が、その重要な目的とされています。

[2]　少年法の目的―少年の教育・保護

　これに対して、少年法は、「この法律の目的」として、第1条に次のように定めています。

> この法律は、少年の健全な育成を期し、非行のある少年に対して性格の矯正及び環境の調整に関する保護処分を行うとともに、少年の刑事事件について特別の措置を講ずることを目的とする。

　ここには、刑事訴訟法第1条にある、事案の真相解明や刑罰の適用実

現（制裁）は明記されていません。他方で、「少年の健全な育成」という観点から、少年に対する「保護処分」や「特別の措置」を講じるとしています。

これは、少年法が、非行少年を立ち直らせるために、少年の「教育・保護」を優先させることを示しているものと理解されています。

すなわち、少年法は、少年に対して、単に犯した罪にふさわしい制裁を加えるのではなく、その立ち直りに向けた教育や保護を行うものです。これによって、少年の持つ問題（非行性）を解消させて、社会復帰後に健全な社会人としての生活を送るようにすることを目指しています。

[3] 非行防止のための「教育・保護」に重点を置く

少年であれ成人であれ、罪を犯さないようにする、一度罪を犯してしまった人が再び犯罪へと向かわないようにすることは、社会全体にとって非常に重要なことです。

しかし、刑事訴訟法と少年法とでは、こうした犯罪防止のための考え方・方法が異なります。

刑事訴訟法（刑事裁判手続）では、刑罰を科すという制裁的なアプローチによりこれを実現するという方法がとられています。

これに対し、少年法（少年審判手続）は、少年に対する「教育・保護」に主眼を置いて、それによって少年の非行やその再発を防止しようとするものです。

2 どうして「教育・保護」を重視するのか

[1] 少年は可塑性に富む

それでは、なぜ少年法は、少年への制裁でなく、「教育・保護」を重視しているのでしょうか。

これは、少年は、成長や発達の途上にあって類型的に未成熟であり「可塑性」（かそせい）に富むという理解に基づきます。

少年の「可塑性」とは、成長途上にある少年は、周囲の環境の影響を受

けて良くも悪くも変化しやすい、だから、教育や保護によって良い環境に身を置けば、健全な社会人へと成長していくという概念です。

[2]　少年の可塑性を踏まえた教育・保護的アプローチ

　この少年の「可塑性」に基づく少年法の考え方について、前記のBさんのケースで考えてみましょう。

　Bさんは、学校をサボって自宅にも帰らずに不良仲間と付き合い、仲間が万引きや喧嘩を繰り返すのを見聞きしてそれに慣れてしまいました。窃盗や傷害といった犯罪は許されないという意識が薄れて犯罪に対する抵抗が弱くなっています。

　仮に、Bさんがこのまま、こうした生活を続けていったとすると、どうなるでしょうか。まだ他人の影響を受けやすいと考えられるBさんは、犯罪へとつながる危険がある環境では、周囲の「悪い影響」を受けてしまい、仲間からの誘いを断れなくなっていつか犯罪行為をしてしまうかもしれません。さらには、不良交遊が広く深くなっていき、犯罪グループなどの犯罪に触れる機会が多い環境に身を置き、そこから抜け出すことが難しくなってしまうかもしれません。犯罪への抵抗が弱まれば弱まるほど、Bさんが再び、犯罪は絶対にしてはならないという気持ちを持って社会生活を送ることはとても難しくなっていくと考えられます。

　しかし、反対に、Bさんが不良交遊や生活態度などを改めて健全な生活を送ることができるようになればどうでしょうか。Bさんが他人の影響を受けやすいのであれば、「悪い影響」だけでなく、「良い影響」も受けやすいと考えられます。Bさんが良い環境に身を置いて、周囲から良い影響を受ければ、犯罪は絶対にしてはいけないという意識を持ち、犯罪に向かわなくなると考えることができるのではないでしょうか。

　このように少年法は、まだ他人の影響を受けやすいと考えられる、すなわち「可塑性」があるBさんについて、犯罪につながる危険がある環境から切り離して良い環境に置くことで、Bさんが犯罪へと向かわないようにしようとします。

これをイメージ図で示すと、以下の**図表３**のようになります。

【図表3】教育・保護的アプローチのイメージ

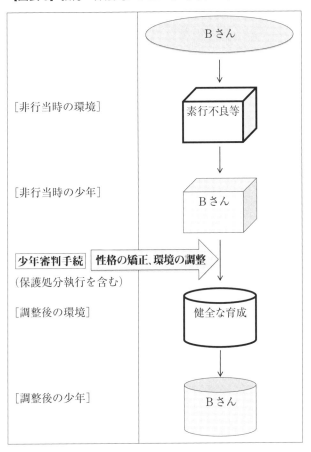

第2節　少年法を知る―どうして少年に特別な手続を定めているのか

第3節

少年法の特色
－少年審判手続を中心に

　少年法は、少年が可塑性に富むという理解の下、非行少年に対する教育・保護的手段を用いて非行を防止し、少年を立ち直らせようとしています。
　そのため、刑事裁判手続とは異なった特色ある手続を用意しています。

1 家庭裁判所を中心とする教育・保護的手続

[1]　「非行」のある少年が対象となる

　少年法は、少年が「犯罪」をした場合だけでなく、「非行」をした一定の少年について、少年審判手続をとるとしています。「非行」とは、犯罪に限らず法律を含む社会倫理的な規範（ルール）から逸脱する行為や行状を総称するものと理解されています。

　そのため、少年法が適用されると、前記のBさんのように犯罪行為はしていないものの「非行」少年と認められる場合（ぐ犯少年）も、少年審判手続を受けることになります。実際に、ぐ犯少年が少年院に入るという例も珍しくはありません。

　これに対し、刑事裁判手続は犯罪をした疑いがなければ、行われません。

[2]　非行少年の事件は原則的に家庭裁判所に送られる

　非行少年（犯罪行為を行った少年を含みます）は、たとえ非行自体は軽微であっても、その背後に犯罪につながる重大な問題（非行性）を抱えていることがあります。

　そこで、少年法は、非行少年の事件をその専門的判断機関である家庭裁判所に集中させています。これによって、少年に対する専門的調査を行い、その問題（非行性）解消に向けた教育・保護的措置をとるためです。

これに対し、成人の刑事司法手続では、事件は起訴によって地方裁判所（一部は簡易裁判所）に送られ、家庭裁判所は担当しません。また、検察官による不起訴処分などによって、事件が裁判所に送られずに手続が終了することも少なくありません。

[3]　少年審判では、資質や環境なども調査、判断される

　少年審判では、少年がどのような非行をしたのか（非行事実）に加え、少年が立ち直るための教育や保護をどれほど必要としているのか（要保護性）の解明が中心的に検討されます。

　例えば、前記のBさんのケースでは、不良交遊や不登校、家出といった生活状況から生育・家庭環境までが広く調査されます。その上で、Bさんが将来的に犯罪をしないためには、どの程度の働き掛けを要するのかが判断され、そのために必要な保護処分が決められます。

　これに対し、刑事裁判では、被告人がどのような犯罪をしたのか（犯罪事実）が審理され、有罪となれば刑がいい渡されます。どれほどの罪を犯したのか、その制裁としてどのような刑を受けるべきかに主眼があります。

[4]　少年審判では、少年を非行と向き合わせて内省を深めさせる

　非行少年が立ち直って、健全な社会人となっていくためには、少年が置かれた環境の改善だけでは足りません。

　少年自身が非行と向き合い、自分の問題を理解して、その解消に向けて主体的に考え行動していくことが不可欠です。少年に対して「犯罪はいけない」といくらいったところで、本人の意識や行動が変わらなければ、その非行を防ぐことはできません。

　そこで、少年法は、「審判は、懇切を旨として、和やかに行うとともに、非行のある少年に対し自己の非行について内省を促すものとしなければならない。」（少年法22①）と定めています。

　少年審判廷にも少年の内省を促しやすい工夫がされています。例えば、裁判官（審判官）の席は、刑事裁判の法廷のように一段高いところから少年を見下ろすような位置ではなく、少年と同じ高さの目線になるように設

置されています。

　これに対し、刑事裁判手続では、被告人の内省を促すべきなどといった定めはありません。

[5] 　少年審判における秘密の保持、プライバシーや名誉の保護

　少年の立ち直りを目指す少年審判手続では、少年が手続において、あたかも晒し者のように扱われて、その更生が妨げられないような配慮がなされます。

　また、少年が抱える問題を突き止めるべく、少年の資質からその生活史全般にわたって解明、分析していきます。その中ではプライバシーに関わることも明らかにしなければならず、少年やその家族、関係者に率直な話をしてもらう必要があります。

　そこで、少年審判は、非公開で行われ（少年法 22 ②）、「常に懇切にして誠意ある態度をもつて少年の情操の保護に心がけ、おのずから少年及び保護者等の信頼を受けるように努めなければならない。」（少年審判規則 1 ②）とされます。事件の記録も閲覧が厳しく制限されています。

　このほか、少年法は、少年審判手続に限らず、広く氏名、年齢、職業、住居、容ぼうなどの少年を特定できるような記事や写真などの掲載を禁止しています（少年法 61）。

　これに対し、刑事裁判手続では、裁判は公開の法廷で行われ、少年法のように本人やその家族を特に配慮するような定めはありません。

[6] 　少年の立ち直りに必要な措置をとる－制裁ではない

　少年審判では、家庭裁判所は、少年に対する刑（制裁）の言渡しはしません。家庭裁判所が決定すれば、少年は少年院という施設に強制的に入院させられる場合もありますが、これも、刑罰ではなく、あくまで少年の立ち直りのための教育・保護的措置（保護処分）として位置付けられます。

　これに対し、刑事裁判では、犯した罪に応じた刑（制裁）が科されます。

[7] 　家庭裁判所が主体的に手続を行う(職権主義)

　少年審判手続は、家庭裁判所が、審判を行うかどうかというスタート地

点から関わります。少年審判手続において家庭裁判所は、少年に対する広範かつ多岐にわたる調査を行って、少年の特性に応じた処分を決定します。

そこでは、関係者全員が協力して、少年に働き掛け、その内省を深めさせて、問題を解消させるために必要な措置を検討していきます。こうした関係者間の対立がない基本的な構造は、検察官が審判に関与する場合であっても変わりません。検察官も少年の処罰を求める訴追者ではなく、あくまで立ち直りに向けた審判の協力者に位置付けられています。

これに対し、刑事裁判手続では、訴追者たる検察官の起訴によって刑事裁判が開始されます。刑事裁判では、処罰を求める検察官とこれに対峙する被告人という当事者の対立構造がとられ、当事者による主張と証拠を中心とした審理がなされます。もちろん、刑事裁判も、審理を進行、指揮するのは裁判所ですが、当事者の提出する証拠に基づき犯罪事実を認定して、有罪であれば適切な刑を科すところに裁判所の中心的な役割があります。

2 少年に即した個別的な処遇

少年の非行性やその原因は様々であり、また、少年の資質、能力、性格、置かれた環境や交友関係などもそれぞれです。少年法は、そうした多岐にわたる少年の特性に応じて、非行性を解消して、その健全な育成を図り、非行を防止しようとします。

こうした個々の少年の状況に応じた処遇を行うため、少年審判手続では例えば、次のような制度が定められています。

[1] 少年ごとの問題を把握するために－家庭裁判所による調査

家庭裁判所は、少年の非行事件について調査をしなければなりません（少年法8①）。この調査は、なるべく、少年、保護者または関係者の行状、経歴、素質、環境などについて、医学、心理学、教育学、社会学その他の専門的知識を活用するとされています（少年法9）。

こうした調査に関わる代表的なものとして、「家庭裁判所調査官による調査」、「少年鑑別所での観護措置」、「試験観察」を紹介します。

(1) 家庭裁判所調査官による調査

　家庭裁判所には、家庭裁判所調査官（以下、「調査官」といいます）という調査の専門機関が置かれています。家庭裁判所は、調査官に命じて、少年、保護者または関係者その他の必要な調査を行わせることができます（少年法8②）。

　調査官は、心理学、教育学、社会学などの人間関係諸科学や法律学を学んでおり、その専門的知識や技術に基づき必要な調査を多岐かつ広範囲にわたって行います。

　少年と面接することはもちろん、その保護者との面接や家庭訪問をしたりもします。少年が通っている、あるいは過去に通っていた学校に照会して、学校での素行を把握して成績を取り寄せたり、仕事をしていれば職場に問い合わせることもあります。前記のAさんの場合のように、被害者がいる事件では被害者に被害状況や被害感情などを確認したりもします。さらに、少年の知能や心理の検査を行うこともあります。

　調査官はこうした調査の結果とともに、その少年にとって必要と考えられる処遇意見をまとめ、家庭裁判所に報告します。

(2) 少年鑑別所での観護措置（収容観護）

　家庭裁判所は、審判に必要があるときは、少年を少年鑑別所に送致することができます（少年法17①二）。

　少年鑑別所は、少年の非行に影響を及ぼした資質上、環境上の問題を明らかにすべく、医学、心理学、教育学、社会学その他の専門的知識や技術に基づいて少年の鑑別を行います。

　少年鑑別所では、少年の面接、知能や心理の検査のほか、必要に応じて保護者や関係者の面接などが行われて、その鑑別結果や少年にとって必要と考えられる処遇意見が家庭裁判所に報告されます。

　なお、少年鑑別所は、こうした鑑別などを行う施設であり、矯正教育施設である少年院とは全く異なった施設です。

(3) 試験観察

試験観察は、少年を相当期間、調査官に観察させるというものです（少年法25）。少年の保護処分を決定する前（審判手続の途中）の段階に行われる中間的な処分になります。

家庭裁判所は、少年審判期日ではまだどのような処分をすべきか判断が困難であるため、引き続いて少年を観察した上で保護処分を決定する必要があると判断すれば、この試験観察を行うことができます。

例えば、前記のBさんが少年審判期日において、今の生活を改めて、不良仲間との付き合いをやめ、きちんと自宅で生活して学校に通いたいといった意向を示したとします。しかし、Bさんが本当にそうした生活を継続的に送ることができるのか、それによってBさんの問題性は解消されていくのかなどは、直ちに判断がつかないこともあります。

こうした場合において、少年審判手続を終わらせないで、調査官がBさんの意欲や生活状況などを継続的に観察し、その経過を踏まえて家庭裁判所が最終的な処遇を判断するための制度です。

[2] 少年ごとの問題を解消するために―保護処分

少年法には、調査によって明らかになった少年の問題性に対し、家庭裁判所がそれぞれの少年の特性に応じた適切な処遇を行うための措置（保護処分）が定められています（少年法24①）。

ここでは、少年法の特色を知るという観点から、保護処分のうち、実務上大部分を占める「保護観察」と「少年院送致」について説明します。

(1) 保護観察

保護観察は、少年を施設に収容せずに、社会生活の中で更生改善を図るものです（少年法24①一）。

保護観察となった少年は、保護観察所の指導監督と補導援護を受けながら、定められた約束事（遵守事項）を守って社会生活を送ります。保護観察となると、少年は定期的に保護司と呼ばれる人と面接して生活状況を報告し、そのアドバイスを受けながら生活します。

遵守事項には、すべての保護観察において共通して定められるもの（一般遵守事項）があります。これは、健全な生活態度を保持することや、定まった住所で生活することなどです。

　さらには、その少年の特性に応じて定められるもの（特別遵守事項）があります。こちらは、少年それぞれが抱える問題を踏まえて決められます。例えば、一定の関係者との交際や接触の禁止、一定の場所への出入りの禁止、飲食や喫煙の禁止、一定の行動の禁止、通学や就労の継続などがあります。この特別遵守事項の設定や変更には、家庭裁判所の意見が反映されます。

　少年がこうした遵守事項に違反した場合、それが指導などによっても改善されないようであれば、家庭裁判所は、少年院送致などの施設収容の保護処分を決定しなければなりません。

(2)　**少年院送致**

　少年院送致は、少年を矯正教育施設である少年院に強制的に入院させるものです（少年法24①三）。その自由を大きく拘束するものであり、その意味でもっとも強力な保護処分といえます。

　しかし、これは刑の執行としての刑務所への入所とは異なり、あくまでも少年の問題を解消するための教育・保護的措置です。少年院では、少年の特性に応じた矯正教育その他の健全な育成に資する処遇を行って、少年の円滑な社会復帰を図ります。

①　**少年院での矯正教育の仕組み**

　少年院では、少年の特性に応じたプログラムが策定されます。その策定にあたっては、家庭裁判所や少年鑑別所の意見も反映されます。

　少年は、このプログラムに基づいて矯正教育を受けます。その指導内容は、次ページ図表４のようなものです。

【図表4】矯正教育指導の概要

生活指導	自立した生活のための基本的な知識や生活態度を身に付けるための指導	個別面接、集団討議、問題行動指導など
職業指導	勤労意欲を高め、職業上有用な知識や技能を身に付けるための指導	パソコン実習、溶接実習など
教科指導	義務教育や高等学校への進学等を希望する者に対する指導	教科指導（授業）、外部講師による指導
体育指導	自立した社会生活を営むための健全な心身を育てることを目的とした指導	サッカー、運動会、水泳など
特別活動指導	社会貢献活動や野外活動など、情操を豊かにし、自主性、自律性、協調性を育てるための指導	地域の公園の清掃、老人ホームにおける介護体験など

（法務省矯正局作成「明日につなぐ　少年院のしおり」に基づき作成）

　こうした矯正教育は、段階的に行われ、少年ごとにそれぞれの成績評価に応じてステップアップしていきます。そして、その処遇段階が最高段階に達し、仮退院が相当となると、少年院の仮退院が認められます。
　仮退院した少年は、保護観察となります。保護観察中に遵守事項違反があると、少年院に戻されることもあります。
　このほか矯正教育の目的達成や収容期限の到来による退院もありますが、多くの少年は、仮退院により出院しています。

② **少年院での生活**
　少年院において、少年は、例えば次ページ**図表5**のような生活を送ります。

【図表5】少年院での生活（例）

6:30〜	起床・役割活動
7:40〜	朝食・自主学習等
8:50〜	朝礼（コーラス・体操）
9:00〜	生活指導、職業指導、教科指導、体育指導、特別活動指導、運動等
12:00〜	昼食、余暇等
13:00〜	生活指導、職業指導、教科指導、体育指導、特別活動指導、運動等
17:00〜	夕食・役割活動
18:00〜	集団討議、教養講座、個別面接、自主学習、日記記入等
20:00〜	余暇等（テレビ視聴等）
21:00	就寝

（法務省矯正局作成「明日につなぐ　少年院のしおり」に基づき作成）

3　教育・保護的措置が適切でない場合―刑事裁判手続への移行

　少年審判手続では、以上のように、少年の問題を取り除くための教育・保護的なアプローチが原則です。しかし、こうした教育的手段では、その非行性の矯正が困難であったり、そうした手段が適切とはいえなかったりするような事案もあります。

　こうしたケースでは、少年に刑罰を科すこともやむを得ないと考えられます。そのために、家庭裁判所は事件を検察官に送致します（少年法20、検察官送致）。

　この送致を受けた検察官は、原則として起訴が強制され（少年法45五）、この起訴によって少年について刑事裁判が行われます。

　なお、刑事裁判での事実審理の結果、少年についてやはり保護処分を行うことが相当であると認められるときは、刑事裁判を行う裁判所は、事件を再び家庭裁判所に移送することもできます。

第4節

少年法適用年齢引下げに関する状況

1 少年事件の発生件数などの推移

[1] 少年の検挙人数など(刑法違反)

刑法違反で検挙された少年の人数などは、図表6のようになっています。

【図表6】刑法犯少年 検挙人員中の再犯者人員・再犯者率の推移（H8〜H27）

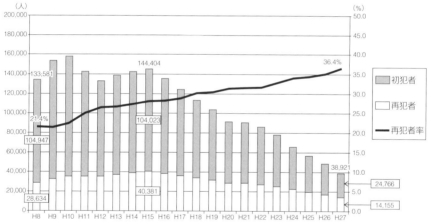

※1 『少年非行情勢』（警察庁）、『少年非行等の概要』（警察庁）による。
※2 「再犯者」は、刑法犯により検挙された少年のうち、前に道路交通法違反を除く非行により検挙・補導されたことがあり、再び検挙された者をいう。前回処分は、未決・既決を問わず、触法少年時の処分・警察限りも含む。
※3 「再犯者率」は、刑法犯少年に占める再犯者の人員の比率をいう。
（法制審議会少年法・刑事法（少年年齢・犯罪者処遇関係）部会「第1回会議配布資料8・統計資料1」（3ページ）資料番号1－2より）

　これによると、検挙された少年の「人数」は、初犯、再犯ともに、年々減少しています。他方で、検挙された少年に占める「再犯少年の割合」は、反対に大きくなってきています。

こうした状況について、現行の少年法に基づく非行予防が効果を挙げて、少年事件の発生数が減少しているとみる立場と、反対に、少年法による措置が期待されるほどの効果を挙げていないために再犯少年が占める割合が大きくなっているとみる立場の両方が考えられます。

そして、そのいずれの立場をとるかによって、現在進められている少年法適用年齢引下げに関する意見が異なってくると思われます。

[2] 少年の年齢別終局人数など

家庭裁判所での手続が終了した少年事件（一部の事件を除きます）における少年の年齢などは、**図表7**のようになっています。

これによると、18歳、19歳の少年は、平成27年は1万516人で、全体（3万2,741人）の約32％になっています。

少年法適用年齢が18歳未満に引き下げられると、こうした人数・規模の取扱いが変わることになり、その影響は少なくないと思われます。

【図表7】一般保護事件の終局総人員－終局時年齢区分別（H11～H27）

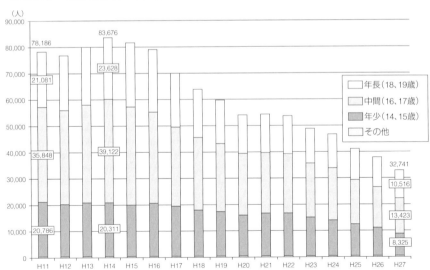

※「その他」は、14歳未満、20歳以上及び年齢不詳の人員の合計である。
（法制審議会少年法・刑事法（少年年齢・犯罪者処遇関係）部会「第1回会議配布資料8・統計資料1」（5ページ）資料番号1－5より）

2　少年法適用年齢の引下げについての議論

[1]　議論の概要

　少年法は既に述べたような特色を有しています。それを前提にしつつも、選挙権年齢が引き下げられ、民法の成年年齢引下げが求められていることの影響を受けて、少年法適用年齢を、20歳未満のまま維持すべきか、18歳未満に引き下げるべきかは、現在も意見が大きく分かれています。

　以下に、それぞれの立場の主な理由を、簡潔に整理して紹介します。

20歳未満を維持すべき	18歳未満に引き下げるべき
［引き下げる必要がない］ 　少年法適用年齢は、少年法の趣旨や目的から個別具体的に検討すべき ⇨少年法は、少年の再非行防止、立ち直りを図る上で機能しており、適用年齢を引き下げる必要はない。	［引き下げる必要がある］ 　本人の未熟さを根拠に、親権に服することや、自由な取引を制限している民法の成年年齢が引き下げられれば、共通する根拠に立つ少年法の適用年齢も引き下げる必要がある。
［引下げには問題がある］ 　18歳、19歳に対して、少年法に基づく教育的、個別的な処遇ができなくなる。	［引下げに問題はない］ 　18歳、19歳に対しては、刑事司法手続に少年法の代替的措置を置くことで対応することができる。

　なお、この整理は、法務省の「『若年者に対する刑事法制の在り方に関する勉強会』取りまとめ報告書」（法制審議会少年法・刑事法（少年年齢・犯罪者処遇関係）部会第1回会議（平成29年3月16日開催）配布資料4）を参考に、筆者において独自に整理したものです。

　それぞれの立場からは、上記以外にも様々な理由が挙げられています。法務省Webサイト（http://www.moj.go.jp/shingi1/housei02_00296.html）に上記報告書や法制審議会少年法・刑事法（少年年齢・犯罪者処遇関係）部会の各議事録などが公表されていますので、これらも参照ください。

[2]　「18歳、19歳の犯罪防止のために望ましい方策」という視点が必要

　少年法適用年齢の引下げについては、そもそも引き下げる必要が本当に

あるのかという疑問も呈されており、現在も様々な意見があります。さらに、この問題は、焦点が当てられている18歳、19歳だけでなく、犯罪をした人全般の処遇・取扱いに関わる議論と併せて（あるいはその中で）検討されているため、複雑で、刑事法制に関心や興味がある人でなければ理解が容易ではないと思われます。

しかし、その根本には、犯罪を防止するためにはどのような措置を講じるべきかという、刑事政策に関わる問題意識があります。

したがって、少年法適用年齢引下げの問題は、少年法の特色や少年犯罪の状況などを踏まえながら、18歳、19歳による犯罪（再犯を含みます）を防止するために望ましい方策は何かという、大きな視点を持って考えていくべきものといえるでしょう。

〈参考資料〉

- 法制審議会 少年法・刑事法（少年年齢・犯罪者処遇関係）部会 第4回会議配布資料「家庭裁判所調査官の業務について」
- 法制審議会 少年法・刑事法（少年年齢・犯罪者処遇関係）部会 第2回会議配布資料「少年鑑別所における業務の概要」
- 法制審議会 少年法・刑事法（少年年齢・犯罪者処遇関係）部会 第3回会議「保護観察所における保護観察の実情について」
- 法制審議会 少年法・刑事法（少年年齢・犯罪者処遇関係）部会 第2回会議配布資料「少年院における業務の概要」

第 8 章

喫煙・飲酒・競馬等

弁護士 西 山 諒（にしやま　りょう）

【略歴】
平成 26 年　弁護士登録
【所属・公職等】
弁護士（第一東京弁護士会所属）
成和明哲法律事務所
平成 27 年　第一東京弁護士会　総合法律研究所　会社法研究部会
平成 27 年　第一東京弁護士会　総合法律研究所　倒産法研究部会同幹事
【主な著作】
『役員会運営実務ハンドブック』（共著、平成 28 年、商事法務）
『Q＆A 新会社法の実務』（共著、平成 28 年、新日本法規出版）
『新会社法 A2Z 非公開会社の実務』（共著、平成 28 年、第一法規）

第 1 節

議論の状況

1 成年年齢引下げと喫煙・飲酒・競馬等の年齢要件

　本章では、成年年齢や選挙権年齢の引下げに伴い、喫煙、飲酒、公営競技（競馬、競輪、競艇等）の年齢要件についてどのような議論がなされているかを紹介します。

　この点については、自民党の党内委員会である「自由民主党政務調査会成年年齢に関する特命委員会」が、平成 27 年 9 月 17 日に公開した「成年年齢に関する提言」（以下、本章では、単に「提言」といいます）をきっかけとして国内における議論が活発化しました。

　「提言」では、成年年齢についてできる限り速やかに 20 歳から 18 歳に引き下げる旨の提言がなされるとともに、喫煙、飲酒、公営競技（競馬、競輪、競艇等）の年齢要件が「社会的に関心の高い事項」として位置付けられ、20 歳未満の者について飲酒を禁止する未成年者飲酒禁止法、及び喫煙を禁止する未成年者喫煙禁止法の年齢要件を 18 歳未満に引き下げるべきか否かについては、「引き続き社会的なコンセンサスが得られるよう国民にも広く意見を聞きつつ、医学的見地や社会的影響について慎重な検討を加え、実施時期も含め民法改正時までに結論を得る」こととされています。また、公営競技が禁止される年齢についても「引き続き検討を行う」こととされました。

　同委員会では、当初、喫煙、飲酒、公営競技（競馬、競輪、競艇等）を 18 歳以上の者に対して解禁する旨の意見もあったようですが、内外の反発により、「提言」においてはあくまでも検討課題として位置付けられる

にとどまっています。

　ところで、成年年齢の引下げ問題をめぐっては、新たに成年となる者には喫煙、飲酒、公営競技（競馬、競輪、競艇等）が解禁されるという点が反対する意見の理由として挙げられることがあります。

　しかしながら、成年年齢を満18歳に引き下げることになったとしても、新たに成年となる者について直ちに喫煙や飲酒が解禁されるとは限りません。

　なぜなら、喫煙、飲酒、公営競技（競馬、競輪、競艇等）については、例えば、喫煙であれば未成年者喫煙禁止法、飲酒であれば未成年者飲酒禁止法、競馬であれば競馬法などと個別の法律が年齢要件を定めており、その法律が変わらない限り、規制内容は変更されないからです。

　すなわち、例えば、未成年者喫煙禁止法や未成年者飲酒禁止法は、その法律名に「未成年者」を含んでいるにも関わらず、規制の対象となる者を未成年か否かで区分していません。

　具体的には、未成年者喫煙禁止法第1条は「満二十年ニ至ラサル者ハ煙草ヲ喫スルコトヲ得ス」、未成年者飲酒禁止法第1条は「満二十年ニ至ラサル者ハ酒類ヲ飲用スルコトヲ得ス」と定め、いずれも未成年か否かではなく、「満20歳」という年齢要件に基づき規制しています。

　そのため、民法の成年年齢を18歳に引き下げたとしても、当然に未成年者喫煙禁止法、未成年者飲酒禁止法等の年齢要件が満20歳から18歳に引き下げられるものではないのです。

　もっとも、競馬法のように「未成年者は、勝馬投票券を購入し、又は譲り受けてはならない。」（同法28）などと定めている場合には、馬券購入可能年齢は、根拠法を改正しない限り、民法上の成年年齢の引下げに連動して自動的に引き下げられることになります。

　なお、「民法の成年年齢の引下げの施行方法に関する意見募集」（法務省）においては、少年法の適用対象年齢とともに、飲酒や喫煙を行うことができる年齢、勝馬投票券の購入等公営競技を行うことができる年齢の在り方

等に関する意見もパブリックコメントの対象から除かれていますので、上記のとおり個別の規制が継続されることが想定されます。

　なお、本稿執筆時点で、政府は、競馬などの「未成年」を年齢要件とする公営競技について、現行通り「20歳未満」について禁止する規制を継続する方針を固めたとの報道がなされています（平成29年8月14日付読売新聞電子版）。詳細は、本章**第5節**のコラムをご覧ください。

2 喫煙・飲酒・競馬等の年齢要件改正の動向

　このようなことからすれば、成年年齢を18歳に引き下げる民法の改正がなされたとしても、法律上、直ちに、18歳の者について、喫煙や飲酒が解禁されるわけではなく、喫煙、飲酒を解禁するためには、別途、未成年者喫煙禁止法、未成年者飲酒禁止法の改正が必要となります。

　しかしながら、成年年齢の引下げを受けて、喫煙、飲酒、公営競技（競馬、競輪、競艇等）の規制法について、競馬法など民法上の「成年」年齢引下げに連動して年齢要件が引き下げられる法律も含め、改正の要否に関する検討が本格的に始まると考えられます。その際には、現行法の年齢要件の正当性の根拠を含めて現在の規制法令の内容を理解し、これを再検討する必要があることはいうまでもありません。

　そこで、以下では、喫煙、飲酒、公営競技（競馬、競輪、競艇等）等に関する各種規制法令の概要、年齢要件が正当化される根拠、年齢要件を再検討する上で考えられる視点について解説します。

第2節

現行法における喫煙、飲酒、競馬の年齢要件の根拠

1　法律による規制の根拠

　そもそも、なぜ20歳未満の者（ないし未成年者）は、喫煙、飲酒、公営競技（競馬、競輪、競艇等）について法律上の規制を受け、自由に行うことができないのでしょうか。

　喫煙、飲酒、公営競技（競馬、競輪、競艇等）を行う権利ないし自由について、「生命、自由及び幸福追求に対する国民の権利」（憲法13）として保障されるとする見解もあります。

　しかし、例えば、最高裁判決においても、喫煙の自由について「憲法13条の保障する基本的人権の一に含まれるとしても、あらゆる時、所において保障されなければならないものではない。」（最判昭和45年9月16日民集24巻10号1410ページ）と判断されているように、無制限にこれを認めることはできないと解されます。

　特に、20歳未満の者（ないし未成年者）の心身は発展途上にあることから、国は、未成年者の心身の健全な発達を図るための必要最小限度の規制を行うことが許されるものと考えられています。

　そのため、わが国では、例えば、飲酒であれば未成年者飲酒禁止法、喫煙であれば未成年者喫煙禁止法、競馬であれば競馬法、という法律による規制が認められると解されており、その規制対象として、「満20歳」未満、「未成年」という要件が設けられています。

2　「20歳」を基準とする合理性

　未成年者喫煙禁止法や未成年者飲酒禁止法は「満20歳」を規制の年齢要件とし、競馬法などは「未成年」を規制対象としていることから、現行法令においては、「満20歳」が規制の年齢要件となっているといえます。

　そのため、成年年齢の引下げに伴って、この「満20歳」の年齢要件についても引下げの要否を検討するとすれば、その前提として「満20歳」を基準とすることの合理性の検証が必要となります。

　まず、喫煙、飲酒についていえば、一般的には、若年者の健康被害予防、健全育成のために喫煙、飲酒を規制する必要があるといった説明がなされていますが、それだけでは規制の必要性の説明になり得るとしても、「満20歳」を基準とする理由に関する説明として十分ではないようにも思われます。国際社会を見渡しても、歴史、文化や宗教などによって喫煙、飲酒の年齢要件は様々であって、必ずしも「満20歳」が絶対的な基準とされているわけではありません（次ページ**図表1**参照）。

　そのため、法律における年齢区分はそれぞれの法律の立法目的や保護法益ごとに、子どもや若者の最善の利益と社会全体の利益を実現する観点から、個別具体的に検討する必要があります（日本弁護士連合会「民法の成年年齢の引下げに関する意見書」3ページ（平成28年2月18日））。

　そこで、以下では、未成年者喫煙禁止法等について、各法令が「満20歳」等を基準とするに至った経緯等を紹介し、年齢要件の合理性を検証し直すことの要否を考えるための視点がどのようなものかについて検討したいと思います。

【図表1】
国立国会図書館及び立法調査局『主要国の各種法定年齢―選挙権年齢・成人年齢引下げの経緯を中心に　基本情報シリーズ（2）』31ページ参考資料1　主要国の各種法定年齢（一覧）（国立国会図書館及び立法調査局、2008年12月）を参考に作成
　国立国会図書館HP（http://www.ndl.go.jp/jp/diet/publication/document2008.html）

国　名	飲　酒[1]				喫　煙[1]
	店内での飲酒		販売店での購入		たばこ購入
	ビール・ワイン	蒸留酒	ビール・ワイン	蒸留酒	
日本	20	20	20	20	20
イギリス	18	18	18	18	18
アメリカ[2]	21	21	21	21	18
ドイツ	16	18	16	18	18
フランス	16	18	16	16	18
イタリア	16	16	16	16	16
カナダ	19	19	19	19	19
ロシア	18	18	18	18	18
スウェーデン	18	18	20	20	18
フィンランド	18	18	18	20	18
デンマーク	18	18	16	16	18
オランダ	16	18	16	18	16
ベルギー	16	18	なし	18	16
オーストリア	16	16	16	16	16
スイス	16	16	16	18	なし
スペイン	18	18	18	18	18
ポルトガル	16	16	16	16	18
オーストラリア	18	18	18	18	18
ニュージーランド	18	18	18	18	18
韓国[3]	19	19	19	19	19
中国	18	18	18	18	18

1　2008年12月時点のもの。ただし、飲酒、喫煙は学校や公共の場など場所により異なる年齢規制がなされている場合がある。
2　州や都市により異なる年齢規制がなされている場合がある。例えば、現在はハワイ州やニューヨーク市では喫煙可能年齢が21歳とされている。
3　スペインの飲酒可能年齢は、4自治州で16歳、13自治州で18歳となっている。
4　韓国における飲酒・喫煙は19歳になる年の1月1日から認められる。

第3節

未成年者喫煙禁止法

1 未成年者喫煙禁止法の概要

[1] 未成年者喫煙禁止法の対象年齢及び沿革

　未成年者喫煙禁止法は「満二十年ニ至ラサル者ハ煙草ヲ喫スルコトヲ得ス」（同法1）として、満20歳未満の者の喫煙を禁止しています。年齢のみを規制の基準としており、性別や身体的要因は一切考慮されません。

　また「未成年者」喫煙禁止法は、その名称にも関わらず、条文の規定上は「未成年」か否かを規制の基準としていません。そのため、民法上の「成年」年齢が引き下げられたとしても、これに連動して、満20歳という年齢要件が引き下げられることにはならず、満20歳未満の者による喫煙を解禁するためには、別途未成年者喫煙禁止法自体の改正が必要になることは既に述べたとおりです。

[2] 未成年者喫煙禁止法の沿革

　未成年者喫煙禁止法が「未成年」か否かを規制の基準とせず「満20歳」を規制の基準とした理由は、以下のとおりです。

　未成年者喫煙禁止法（明治33年3月7日法律第33号）は、1900年（明治33年）3月7日に公布され、4月1日に施行されました。

　同法は、当時の衆議院議員である根本正氏が、1899（明治32）年12月（第14回帝国議会）において、議員立法にて提案しました。ちなみに当初は「幼者喫煙禁止法案」という名前で衆議院に提出され、「十八歳未満ノ幼者ハ煙草ヲ喫スルコトヲ得ス」（同案1）と18歳未満の者を対象としていました。しかし、衆議院における審議の過程で、当時の徴兵制の下では

満20歳の男子に徴兵検査義務が課されていたため、20歳未満の者で喫煙癖のある者が軍に入隊した場合に煙草がないことで士気が下がることを防止する必要がある、健康被害を防止する必要があるなどといった意見が出ました。これらの意見を踏まえて、規制対象が「十八歳未満ノ幼者」から「未成年者」に変更され、法案の名称も「未成年者喫煙禁止法」に変更されることとなりました。

その後、戦後の民法改正により未成年者が婚姻した場合に成年とみなす成年擬制（民法753）が導入されましたが、その際、上記のうち、若年者の健康被害の防止の趣旨から、未成年者喫煙禁止法上、婚姻による成年擬制が適用されないことを明確にする必要が生じました。そこで、未成年者喫煙禁止法は、「民法の改正に伴う関係法律の整理に関する法律」（昭和22年12月22日法律第223号）により改正され、対象を「未成年者」から「満20年ニ至ラサル者」に改められました。

＊　　　　　　　＊

なお、2000（平成12）年には「未成年者喫煙禁止法及び未成年者飲酒禁止法の一部を改正する法律」（平成12年12月1日法律第134号）により、罰金の最高額を50万円に引き上げられ、2001（平成13）年には、「未成年者喫煙禁止法及び未成年者飲酒禁止法の一部を改正する法律（平成13年12月12日法律第152号）により販売事業者等に対して年齢の確認その他必要な措置を講じる義務を課すといった改正がなされ、現在に至っています。

[3]　**未成年者喫煙禁止法の規制対象者と規制対象行為**

⑴　**禁止行為等**（未成年者喫煙禁止法1、2）

未成年者喫煙禁止法は、満20歳未満の者の喫煙を禁止した上（同法1）、満20歳未満の者が、喫煙のために所持する煙草及びその器具について、行政処分をもって没収することができると定めています（同法2）。

なお、未成年による「喫煙目的」の「所持」は禁止されるものの、その目的を有しない、いわゆる単純所持は禁止されていません。

また、未成年者喫煙禁止法に違反した満20歳未満の者に対する罰則等の処罰規定がありません。

もっとも、学校においては、懲戒事由とされることが多く、風営法（風俗営業等の規制及び業務の適正化等に関する法律）上の補導事由（風営法38②五、少年指導委員規則4①一）、少年警察活動規則上の街頭補導事由とされています（少年警察活動規則7①、2六）。

(2) 親権者・監督者に対する規制

未成年者喫煙禁止法第3条は、未成年者の親権者や親権者に代わってこれを監督する者が、未成年者の喫煙を知ってこれを制止しない時は科料の制裁を与えるものとしています。未成年者喫煙禁止法の年齢要件の改正は、この規制についても影響を与えることになります。

なお、「親権者」については**第3章**も参照ください。

また、「親権者に代わってこれを監督する者」については、**第4節**1[3](2)において後述する未成年者飲酒禁止法に関する宇都宮家庭裁判所栃木支部平成16年9月30日判決のように、直接判断した裁判例は見当たりません。ただし、根本正議員は法案の審議の過程で「本案ノ責任ヲ負フモノ

COLUMN　「電子たばこ」は「煙草」に含まれるか？

未成年者喫煙禁止法第1条における「煙草」とは社会通念上の嗜好品としてのたばこ製品、すなわち、たばこ事業法（昭和59年法律第68号）第2条第三号に規定する「製造たばこ」と同義であり、葉たばこを原料の全部または一部とし、喫煙用、かみ用またはかぎ用に供し得る状態に製造されたものをいうものと解されています（『参議院議員松沢成文君提出電子たばこに関する質問に対する答弁書』（第186回国会（常会）内閣参議院質問答弁書167号（平成26年6月27日））。したがって、いわゆる「電子たばこ」と呼ばれるものであっても、タバコ葉を原料としている場合には規制の対象となると考えられます。

ト云フモノハ父、父ガゴザイマセヌケレバ母、詰リ父母トモアラザルトキハ、後見人等ニ於テ是等ノ人ヨリ依頼ヲ受ケテ未成年者ヲ監督スル」者が責任を負うことになり、「学校教員ノ如キモノハ、茲ニ含ミマセヌ」、「雇主ト云フモノハ受ケナイ」などと答弁しており、少なくとも立法者は学校教員や雇主は含まれないものと考えていたようです（明治32年12月15日 第14回帝国議会衆議院「幼者喫煙禁止法案審査特別委員会速記録第2号」1ページ）。

(3) 煙草または器具の販売者に対する規制

さらに、未成年者喫煙禁止法第4条、第5条は、煙草または器具を販売する者は満20年に満たない者の喫煙禁止に資するために年齢確認その他の必要な措置を講ずることとされ（同法4）、満20歳に満たない者が自用に供すること知って煙草または器具の販売をした者は50万円以下の罰金に処することとしています（同法5）。そのため、同法の年齢要件の改正は、このような販売者等の活動にも影響を与えることになります。

ここで、「販売」には、無償で煙草を交付する行為は含まれません。

COLUMN　営業者に対する風営法上の規制

風営法は、営業者に対して、風俗営業所（同法22六）、店舗型性風俗特殊営業所（同法28⑫五）等で、「20歳未満の者に酒類又はたばこを提供すること」を禁じ、違反者を、1年以下の懲役もしくは100万円以下の罰金またはその併科に処しています（同法50①四、五）。

「たばこ」の「提供」とは、たばこを喫煙の用に適する状態に置くことをいい、無償で煙草を交付する行為も「提供」に当たると考えられます。なお、「酒類」の「提供」とは、「酒類を飲用に適する状態に置くこと」をいうものと解され、未成年者飲酒禁止法上の「販売」または「供与」に該当しない「かん」であっても「提供」に当たるものと考えられています。

また、法人の代表者、法人もしくは代理人、使用人その他の従業者が業務に関して罰金の対象となった場合には法人も処罰されます（同法6）。

なお、未成年者喫煙禁止法に違反した営業者は、許可、免許を取り消さ

【図表2】未成年者喫煙禁止法

未成年者喫煙禁止法

（明治33年3月7日法律第33号）
（最終改正：平成13年12月12日法律第152号）

第1条　満二十年ニ至ラサル者ハ煙草ヲ喫スルコトヲ得ス
第2条　前条ニ違反シタル者アルトキハ行政ノ処分ヲ以テ喫煙ノ為ニ所持スル煙草及器具ヲ没収ス
第3条　未成年者ニ対シテ親権ヲ行フ者情ヲ知リテ其ノ喫煙ヲ制止セサルトキハ科料ニ処ス
　2　親権ヲ行フ者ニ代リテ未成年者ヲ監督スル者亦前項ニ依リテ処断ス
第4条　煙草又ハ器具ヲ販売スル者ハ満二十年ニ至ラザル者ノ喫煙ノ防止ニ資スル為年齢ノ確認其ノ他ノ必要ナル措置ヲ講ズルモノトス
第5条　満二十年ニ至ラサル者ニ其ノ自用ニ供スルモノナルコトヲ知リテ煙草又ハ器具ヲ販売シタル者ハ五十万円以下ノ罰金ニ処ス
第6条　法人ノ代表者又ハ法人若ハ人ノ代理人、使用人其ノ他ノ従業者ガ其ノ法人又ハ人ノ業務ニ関シ前条ノ違反行為ヲ為シタルトキハ行為者ヲ罰スルノ外其ノ法人又ハ人ニ対シ同条ノ刑ヲ科ス
　　附　則
　本法ハ明治33年4月1日ヨリ之ヲ施行ス
　　　附　則　（昭和22年12月22日法律第223号）　抄
第29条　この法律は、昭和23年1月1日から、これを施行する。
　　　附　則　（平成12年12月1日法律第134号）
　この法律は、公布の日から起算して30日を経過した日から施行する。
　　　附　則　（平成13年12月12日法律第152号）　抄
（施行期日）
1　この法律は、公布の日から施行する。

れる可能性もあります（たばこ事業法 31 九）。

2 未成年者喫煙禁止法の年齢要件の改正の要否を検討するための視点

　以上の点から、未成年者喫煙禁止法の年齢要件の改正に関する議論がなされる場合には、①もともとは「未成年」を対象としていたことから、「満 20 歳」という年齢要件を絶対視する必要はないものの、②他方で、成年擬制との関係で「満 20 歳」という年齢要件が定められた経緯を踏まえた議論がなされる必要があると考えられます。また、③現代における若年層において、煙草のメリット・デメリットを自主的に判断できる年齢は何歳かという視点も重要になると考えられます。

　これらの点をさらに敷衍すると、

① 　まず、国際社会を見渡しても、歴史、文化や宗教などによって喫煙、飲酒の年齢要件は様々であって、必ずしも「満 20 歳」が絶対的な基準とされているわけではありません。国際社会に適合する制度を実現するという視点からは、諸外国における規制の年齢要件を考慮に入れることには一定の意義があると考えられます。

② 　他方で、わが国における喫煙可能年齢を必ずしも諸外国の年齢要件に合わせる必要はなく、わが国の歴史、文化などを考慮して独自に定めるべきであるとの考え方も当然あり得るものと考えられます。その際には「満 20 歳」を規制の年齢要件として未成年者喫煙禁止法が定めた経緯も考慮されるべきであると考えられます。

　　ことに、未成年者喫煙禁止法の立法趣旨が主として若年層の健康被害防止にあり、立法当初から現在に至るまで最も明確な理由の一つとして挙げられていることは無視できません。

　　公益社団法人日本医師会が平成 27 年 9 月 9 日に公開した「飲酒および喫煙年齢の引き下げに対する見解」では、喫煙は、がんに限らず、脳卒中、心筋梗塞、COPD（慢性閉塞性肺疾患）等様々な疾病のリス

クを増大させるなど、非感染性疾患による成人死亡の主たる要因であること等が既に指摘されています。

　煙草を吸い始める年齢が低ければ低いほど健康被害リスクが増大するという指摘もなされていますので、若年層の健康被害防止という立法趣旨に照らして果たして何歳まで喫煙を禁止するのが妥当なのかという観点に基づき更なる科学的な見地からの検証が必要であると考えられます。

③　ただし、煙草が健康被害をもたらすとしても、健康被害をもたらす基準となる年齢が科学的に明らかにされない限り、やはり喫煙禁止年齢の決定には別途の検討が必要です。

　この点、煙草が健康被害を前提としつつも、嗜好品である点を踏まえた検討も必要でしょう（現在検討されている受動喫煙規制の点は描くこととします）。現代社会における若年層の実態を踏まえて、嗜好品である煙草のメリット、デメリットを十分に理解した上で自主的に吸うか吸わないかを判断できる年齢は何歳なのか、という観点から、喫煙禁止年齢について議論をすべきかどうかも検討されるべきではないでしょうか。

　また、仮に未成年者喫煙禁止法の年齢要件について、成年年齢の18歳への引下げに伴い、18歳以上の者の喫煙が解禁されるとすれば、この年齢層には、高校生、大学生、社会人など様々な属性の者が含まれることになります。これらの属性の異なる者について一律に同じ扱いをすることが妥当なのかという点も検討する必要があるように思われます。

　さらに、仮に喫煙に関する年齢要件を引き下げるとしても、量的な規制を設ける、喫煙のもたらす弊害に関する教育等の施策の充実強化を図るとともに、国民に周知徹底するといった一定の施策を実施することも必要であると考えられます。

第4節

未成年者飲酒禁止法

1 未成年者飲酒禁止法の概要

[1] 未成年者飲酒禁止法の対象年齢

　未成年者喫煙禁止法と同様、未成年者飲酒禁止法は、「満二十年ニ至ラサル者ハ酒類ヲ飲用スルコトヲ得ス」（未成年者飲酒禁止法1①）と定め、満20歳未満の者の飲酒を禁止しています。性別や身体的要因は一切考慮せず、年齢のみを規制の基準としている点でも未成年者喫煙禁止法と同様です。

[2] 未成年者飲酒禁止法の沿革

　未成年者喫煙禁止法成立後、1901（明治34）年、同法を提案した根本正議員は、さらに日本で初めて未成年者飲酒禁止法案を国会に提出しました。しかし、実際に未成年者飲酒禁止法が成立したのは1922（大正11）年のことで、21年間もの長い年月をかけてようやく成立するに至りました。また審議の過程では、対象年齢について、医学・生理学上は身体の発達が完了するとされる「25歳」を飲酒可能年齢の基準とする見解も有力に主張されましたが、結局、「未成年者」（20歳）を基準として規制する方向で決着がつきました。

　その後も対象年齢を「25歳」とする説は有力に主張され、1926（大正15）年の「未成年者飲酒禁止法中改正法律案」に始まり、1950（昭和25）年の「青少年飲酒防止法案」に至るまでほぼ毎年、対象年齢を「未成年者」から「25歳」に引き上げる改正案が提出されました。しかし、民法上は独立の生活上の諸権利が与えられた20歳以上の者に対して制約を課すこ

とに対する抵抗感等からいずれも否決されています。

　なお、未成年者飲酒禁止法についても、「民法の改正に伴う関係法律の整理に関する法律」（昭和22年12月22日法律第223号）により、未成年者喫煙禁止法と同様、婚姻による成年擬制（民法753）が適用されないことを明確にする趣旨で対象者は「未成年者」から「満20年ニ至ラサル者」と改められました（詳細は第3節①[2]）。

＊　　　　　　　＊

　また未成年者喫煙禁止法と同様、2000（平成12）年には「未成年者喫煙禁止法及び未成年者飲酒禁止法の一部を改正する法律」（平成12年12月1日法律第134号）により、罰金の最高額を50万円に引き上げられ、2001（平成13）年には、「未成年者喫煙禁止法及び未成年者飲酒禁止法の一部を改正する法律（平成13年12月12日法律第152号）により販売事業者等に対して年齢の確認その他必要な措置を講じる義務を課すという改正がなされています。

[3]　未成年者飲酒禁止法等の対象と規制対象行為
(1)　**禁止行為等**（未成年者飲酒禁止法1①、2）

　未成年者飲酒禁止法は、満20歳未満の者の飲酒を禁止した上（同法1①）、満20歳未満の者が、飲用に供する目的をもって所有または所持する酒類及びその器具について、行政処分をもって没収または廃棄その他必要な処置をとることができると定めています（同法2）。

　なお、未成年による「飲用目的」の酒類の所持は禁止されるものの、その目的を有しない、いわゆる単純所持は禁止されていません。

　また、未成年者飲酒禁止法には、違反した満20歳未満の者に対する罰則等の処罰規定がありません。

(2)　**親権者や監督者に対する規制**（未成年者飲酒禁止法1②、3②）

　未成年者の親権者や親権者に代わってこれを監督する者は、未成年者の飲酒を知ったときはこれを制止する義務があります（同法1②）。

　親権者については、第3章も参照ください。

また、「親権者に代わってこれを監督する者」については、他の規定における監督代行者（民法833、867①等参照）に限定する趣旨ではなく、親権者と同等か、あるいは、少なくともこれに準ずる程度に一般的、包括的に未成年者を監督することが期待されるような特別な関係ないし立場にある者や親を意味すると考えられ、例えば、親に代わって実弟を監督している同居の兄、内弟子を指導する各種の師匠、地方から出てきた親類、知人等の子を預かって都会の家に同居させて面倒を見ている者等がこれに当たるものと考えられています（宇都宮家庭裁判所栃木支部平成16年9月30日判決）。

(3)　酒類を販売する営業者または酒類を供与する営業者に対する規制

　未成年者飲酒禁止法第1条第3項、第4項は、営業者であってその業態上酒類を販売または供与する者は、満20歳未満の者の飲用に供することを知って酒類を販売または供与することはできないとし（同法1③）、営業者であってその業態上酒類を販売または供与する者は満20歳未満の者の飲酒の防止に資するため、年齢の確認その他の必要な措置を講じる義

COLUMN　未成年者の飲酒防止に関する表示基準

　未成年者の酒類へのアクセスを未然に防止するために、酒類製造業者または酒類販売業者には、酒類の容器または包装、酒類小売販売場に設置している酒類の自動販売機、酒類に関する広告またはカタログ等に「未成年者の飲酒は法律で禁止されている」旨、酒類の陳列場所に「20歳以上の年齢であることを確認できない場合には酒類を販売しない」旨を表示するといった義務が課されています（酒税の保全及び酒類業組合等に関する法律第86条の6第1項、「未成年者の飲酒防止に関する表示基準を定める件」平成元年11月22日国税庁告示第9号）。民法上の成年年齢が引き下げられた場合には、誤解が生じないように、基準に関する表現を「未成年」ではなく「20歳」に統一する必要があると考えられます。

務があります（同法1④）。ちなみに客が持ち込んだ酒類に「かん」をして提供する行為は「販売」にも「供与」にも当たらないものと解されます。

　また、未成年者飲酒禁止法第3条第1項、第4条によれば、酒類販売業者は、これらの規定に違反した場合、50万円以下の罰金の処せられる可能性があり（同法3①）、法人の代表者、法人もしくは人の代理人、使用人その他の従業者が業務に関して罰金の対象となった場合には法人または本人も処罰されます（同法4）。

　なお、未成年者飲酒禁止法に違反した営業者は、許可、免許を取り消される可能性があります（酒税法14、10 七の二）。

【図表3】未成年者飲酒禁止法

未成年者飲酒禁止法

（大正11年3月30日法律第20号）
（最終改正：平成13年12月12日法律第152号）

第1条　満二十年ニ至ラサル者ハ酒類ヲ飲用スルコトヲ得ス
　　2　未成年者ニ対シテ親権ヲ行フ者若ハ親権者ニ代リテ之ヲ監督スル者未成年者ノ飲酒ヲ知リタルトキハ之ヲ制止スヘシ
　　3　営業者ニシテ其ノ業態上酒類ヲ販売又ハ供与スル者ハ満二十年ニ至ラサル者ノ飲用ニ供スルコトヲ知リテ酒類ヲ販売又ハ供与スルコトヲ得ス
　　4　営業者ニシテ其ノ業態上酒類ヲ販売又ハ供与スル者ハ満20年ニ至ラザル者ノ飲酒ノ防止ニ資スル為年齢ノ確認其ノ他ノ必要ナル措置ヲ講ズルモノトス
第2条　満二十年ニ至ラサル者カ其ノ飲用ニ供スル目的ヲ以テ所有又ハ所持スル酒類及其ノ器具ハ行政ノ処分ヲ以テ之ヲ没収シ又ハ廃棄其ノ他ノ必要ナル処置ヲ為サシムルコトヲ得
第3条　第1条第3項ノ規定ニ違反シタル者ハ五十万円以下ノ罰金ニ処ス
　　2　第1条第2項ノ規定ニ違反シタル者ハ科料ニ処ス
第4条　法人ノ代表者又ハ法人若ハ人ノ代理人、使用人其ノ他ノ従業者ガ其ノ法人又ハ人ノ業務ニ関シ前条第1項ノ違反行為ヲ為シタルトキハ行為者ヲ罰スルノ外其ノ法人又ハ人ニ対シ同項ノ刑ヲ科ス

> 附　則
>
> 本法ハ大正 11 年 4 月 1 日ヨリ之ヲ施行ス
>
> 　　附　則　（昭和 22 年 12 月 22 日法律第 223 号）　抄
>
> 第 29 条　この法律は、昭和 23 年 1 月 1 日から、これを施行する。
>
> 　　附　則　（平成 11 年 12 月 8 日法律第 151 号）　抄
>
> （施行期日）
>
> 第 1 条　この法律は、平成 12 年 4 月 1 日から施行する。
>
> 第 4 条　この法律の施行前にした行為に対する罰則の適用については、なお従前の例による。
>
> 　　附　則　（平成 12 年 12 月 1 日法律第 134 号）
>
> 　この法律は、公布の日から起算して 30 日を経過した日から施行する。
>
> 　　附　則　（平成 13 年 12 月 12 日法律第 152 号）　抄
>
> （施行期日）
>
> 1　この法律は、公布の日から施行する。

2　未成年者飲酒禁止法の年齢要件の改正の要否を検討するための視点

　未成年者飲酒禁止法の年齢要件の改正の要否の検討においては、未成年者喫煙禁止法と同様の視点が求められると思われます。すなわち、未成年者飲酒禁止法の年齢要件の改正に関する議論がなされる場合には、未成年者喫煙禁止法と同様、①「満 20 歳」という年齢要件を絶対視せず、②「満 20 歳」という年齢要件が定められた経緯を踏まえた議論がなされる必要があるとともに、③現代における若年層のうち飲酒のメリット・デメリットを自主的に判断できる年齢は何歳かという点を踏まえた検討が必要であると考えます。詳細は第 3 節2を参照ください。

　なお、未成年者飲酒禁止法の立法趣旨も、未成年者喫煙禁止法と同様、主として若年層の健康被害防止にあるとされています。

　例えば、公益社団法人日本医師会が平成 27 年 9 月 9 日に公開した「飲酒および喫煙年齢の引き下げに対する見解」では、飲酒開始年齢が低いほ

どアルコール依存症になる確率が高くなること、またアルコール依存の薬物依存に繋がるリスクや、記憶力への影響は飲酒年齢が低いほど大きくなることなどを指摘し、その結果として極端な学習成績の低下、飲酒による暴力などの社会的問題を派生させるおそれなどが指摘されています。

　飲酒は、喫煙に比べれば比較的自己の健康を害するリスクが低いように思われる反面、類型的に他者に対する危害を加えやすいという側面があるように思われます。

　このような飲酒の性質を踏まえ、かつ、現代社会における若年層の実態を踏まえて、飲酒のメリット、デメリットを十分に理解した上で飲酒をするか否かを自主的に判断できる年齢は何歳なのか、といった観点も重要な検討課題としつつ、議論が深められるべきでしょう。

　また、飲酒に関する年齢要件の引下げにおいては、量的な規制を設ける、飲酒のもたらす弊害に関する教育等の施策の充実強化を図るとともに、国民に周知徹底するといった一定の施策の実施が求められるのは喫煙の場合と同様だと考えられます。

第5節 競馬法、モーターボート競走法、自転車競技法等

1 競馬、競輪、競艇の年齢要件の根拠

　わが国の刑法は、賭博及び富くじに関する罪（刑法第23章）として、賭博罪（刑法185）、常習賭博及び賭博場開帳等図利罪（刑法186）、富くじ発売等罪（刑法187）を規定し、その限りでは競馬、競輪、競艇、宝くじの販売は禁止されるはずです。もっとも、現実には、競馬であれば競馬法、競艇であればモーターボート競走法、競輪であれば自転車競技法、宝くじなら当せん金付証票法などの特別法が公営競技、公営くじを許容しているため、例外的に適法と扱われています。

　しかしながら、例えば、競馬法は「未成年者は、勝馬投票券を購入し、又は譲り受けてはならない。」（同法28）と定め、年齢制限を設けるとともに、「禁止されている者であることを知りながら、その違反行為の相手方となつた者」を50万円以下の罰金に処することなど（同法34）、一定の規制を設けています。自転車競技法（同法9、59）、モーターボート競走法（同法12、69）、小型自動車競走法（同法13、64）にも同趣旨の定めがあります。

　他方、宝くじについては、売り場毎に自主規制を行う場合もあるようですが、当せん金付証票法自体は、購入禁止年齢を規定していません。他方、サッカーくじ法（スポーツ振興投票の実施等に関する法律）は、高校卒業年齢を念頭に「19歳に満たない者は、スポーツ振興投票券を購入し、又は譲り受けてはならない。」（同法9）と定め、「禁止されている者であることを知りながら、その違反行為の相手方となった者」に50万円以下の罰金

に処しています（同法 35）。

なお、婚姻による成年擬制（民法 753）は、競馬法等には及ばないものと考えられています（伊藤栄樹他編『注釈特別刑法（第 5 巻Ⅱ）』584 ページ、610 ページ参照（立花書房、初版、昭和 59 年））。

2 成年年齢引下げと競馬法等

競馬法等は「未成年」を規制対象としていますので、成年年齢が 18 歳に引き下げられた場合、各根拠法を改正しない限り、これに連動して規制対象者も 18 歳に変動することになると考えられます。

他方、下記のサッカーくじやパチンコについては、「未成年」を要件とせず、具体的な年齢要件で規制をしていますので、これらの年齢制限を改正する場合には、各々スポーツ振興投票法、風営法の改正が必要となります（図表 4 参照）。

【図表 4】

対象	根拠法	年齢要件
競馬	競馬法 28 条	成年者（20 歳以上）
競艇	モーターボート競走法 12 条	成年者（20 歳以上）
競輪	自転車競技法 9 条	成年者（20 歳以上）
オートレース	小型自動車競走法 13 条	成年者（20 歳以上）
宝くじ	当せん金付証票法	年齢制限なし（ただし換金は×）
サッカーくじ	スポーツ振興投票法 9 条	19 歳以上
パチンコ	風営法 22 条 1 項五号	18 歳以上（入店させることを禁止）

3 競馬法等の年齢要件の改正の要否を検討するための視点

先に述べたとおり、法律における年齢区分はそれぞれの法律の立法目的

や保護法益ごとに、子どもや若年層の最善の利益と社会全体の利益を実現する観点から、個別具体的に検討する必要があると考えられます。

　競馬、競輪、競艇、オートレースについては、各法令の年齢要件に関する条文の文言によれば、成年年齢の引下げに連動して規制対象者も18歳未満に変動することになりますが、実際の規制の必要性の観点からは、必ずしもこのように民法の成年年齢の引下げに連動させなければならないわけではありません。例えば、別途改正により一定の具体的な年齢要件を新たに定めることも考えられます。

　競馬、競輪、競艇等については、飲酒、喫煙と同様に個人としての嗜好性に基づくものであると考えられる一方で、現在検討されているIR（統合型リゾート）実施法（いわゆるカジノ法）において指摘されるギャンブル依存との問題もあることから、その面からの検討も必要でしょう。また、飲酒、喫煙と同様、現代社会における若年層の実態を踏まえて、メリット、デメリットを十分に理解した上で自主的に行うか行わないかを判断できる年齢は何歳なのか、といった観点から、これらの法律についての禁止年齢について十分な議論がなされるべきあると考えられます。

> **COLUMN　公営競技（競馬、競輪、競艇、オートレース）の年齢要件に関する最新の動向**
>
> 　最新の報道によると、政府は、競馬や競輪などの公営競技の禁止年齢については、若者のギャンブル依存症などの危険性を考慮して現行の20歳未満に据え置く方針を固めたようであり、具体的には、競馬法、モーターボート競走法、自動車競技法、小型自動車競走法における年齢要件について、現行の「未成年」とする規定を改正し、「20歳未満」と明記する方向で調整しているとのことです。そのため、政府は、民法と各根拠法の改正案を一括して提出し、同時期の施行を目指しているようです。
>
> 　なお、IR実施法案では、カジノ施設の入場禁止年齢についても「20歳未満」と明記する方針との報道もなされています（平成29年8月14日付読売新聞電子版）。

〈参考文献〉

本文中記載のほか
・宮下茂「選挙権年齢及び民法の成年年齢等の引下げ問題～国民投票の投票権年齢を18歳以上とすることに伴う引下げ～」『立法と調査』No.294、61-82ページ、2009年
・米沢広一「子どもの年齢と法(1)」『大阪市立大學法學雜誌』60(3/4)、1412-1385、2014年
・元森絵里子「フィクションとしての「未成年」：未成年者飲酒禁止法制定過程に見る子ども／大人区分の複層性」『明治学院大学社会学・社会福祉学研究』(138)、19-67、2012年
・内閣府「平成20年度 青少年有害環境対策推進事業（青少年の酒類・たばこを取得・使用させない取組に関する意識調査）報告書」
（http://www8.cao.go.jp/youth/kenkyu/yugai/pdf_index.html）
・未成年者による喫煙・飲酒防止対策に関する調査研究会「未成年者による喫煙・飲酒防止対策に関する調査研究報告書」(2005年)
（http://www.syaanken.or.jp/wp-content/uploads/2012/05/sh1731shounen1703.pdf）
・帝国議会議事録
国立国会図書館「帝国議会会議録検索システム」（http://teikokugikai-i.ndl.go.jp/）

第9章

法教育

弁護士 畑中　淳子（はたなか　じゅんこ）

【略歴】
平成 20 年　弁護士登録（第一東京弁護士会）
　　　　　　畑中法律事務所入所

【所属・公職等】
畑中法律事務所
第一東京弁護士会 総合法律研究所 会社法研究部会
第一東京弁護士会 司法研究委員会 マンション管理紛争研究部会

【主な著作】
『同族会社実務大全』（共著、平成 27 年、清文社）
『改正会社法対応版 会社法関係法務省令 逐条実務詳解』（共著、平成 28 年、清文社）
『Q&A 平成 26 年改正会社法』（共著、平成 26 年、新日本法規出版）
『平成 27 年 5 月施行 会社法・同施行規則 主要改正条文の逐条解説』（共著、平成 27 年、新日本法規出版）
『Q&A マンション管理紛争解決の手引』（共著、平成 27 年、新日本法規出版）他

第1節

法教育の必要性

1 成年年齢引下げに伴う法教育の必要性

　本章では、成年年齢の引下げに伴って重要性を増す法教育について考えます。次項に定義が示されている法教育は、法律が複雑化した現代において、子どものうちからその発達に沿った内容で段階的に行われるべきものです。そして、成年年齢が満18歳に引き下げられると、法教育を18歳未満の子ども達に対して、これまでより前倒しに実践していく必要が生じます。すなわち、成年年齢が18歳になれば高校生の段階で成年となることから、高校生の段階で、成年と同等の主権者としての法的知識を持ち、それを用いて主権を行使できる技能を持ち、さらには主体的に主権を行使し政治に参加する意欲を身に付けていく必要があります。さらに、すべての子どもが高校に通うわけではないことも考慮すると、原則として義務教育の段階で成年として必要となる基礎的な主権者教育・消費者教育等が十分に行われることが望ましいといえます。

　また、特に高校の法教育を考えれば、成年年齢に達したものと未成年者が混在する状況となるため、これまでの一律の教育ではなく混在に配慮した教育内容の見直しも必要となってきます。

2 法教育の意義

　法教育とは、「法律専門家」ではない人々を対象に、法とは何か、法がどのように作られるか、法がどのように用いられるのかについて、その知識の習得にとどまらず、それらの基礎にある原理や価値、例えば、自由、

責任、人権、権威、権力、平等、公正、正義などを教えるとともに、その知識等を応用し適用して使いこなす具体的な技能と、さらにそれを踏まえて主体的に行動しようとする意欲と態度について併せ学習し身に付けてもらう教育をいいます（2002年、関東弁護士会連合会「子供のための法教育」に関する宣言）。これは、法曹養成のための法学教育とは対象が異なること、単に法的知識を覚えるにとどまらず法の背景にある価値や原理を考えるものであること、それらを用いて主体的に行動することを身に付けさせるものであることに特色があります。憲法教育、司法教育、人権教育、消費者教育等すべてが法教育に含まれます。

3 法教育の必要性

　法教育は、個人を尊重し自由で公正な社会を作る上で必要な法的知識・技能・意欲を国民に会得させることを目的として行われるものです。

> 「法教育の目的」＝「個人を尊重し自由で公正な社会を作る上で**必要な法的知識・技能・意欲を国民に会得させること**」

　昨今の規制緩和により個人の自由な活動が増え、また国際化の流れから多様な文化や価値観を持った人々のわが国への流入が考えられ、その結果、種々のトラブルが起こることも想定されます。そこで、個人を尊重し自由で公正な社会を作る上でルールを作り、必要に応じてこれを変えていかなければなりませんが、そのルールについて国民が十分に理解する必要があります。また、裁判員制度の導入や選挙権が18歳から行使できるようになった（第1章参照）ことから、国民が国家の司法権や国政・地方政治にこれまで以上に積極的に参加することが求められるようになってきています。このような流れの中で、法教育の重要性についても日々増しています。

　そして、上記の「法教育の目的」を達成する上で、将来の主権者たる子

ども達に、早い時期から法教育を施していくことが重要といえます。なぜなら、法的知識・技能・意欲は短期間で身に付くものではなく、また、可塑性に富んだ子どものうちから単なる知識にとどまらない法的原理・価値を理解し、身に付けていく素地を作る必要があるからです。

> **COLUMN　法教育は将来の裁判員育成にもつながる**
>
> 　刑事裁判というと自分とはあまり関係がないと思われがちですが、裁判員に選ばれる確率は案外高いものです。法教育によって、裁判の仕組みや無罪推定の原則といった基本的な知識のみならず、法的知識・技能・意欲がしっかり身に付いていると、裁判員となったときに適切な意見を述べ、正しい判断を下すことができます。法教育で培った自らの法倫理に基づきながら、法の専門家たる実務家では考え付かないような発想・意見を述べることで、真実発見や被告人の公正な裁判を受ける権利に資するだけでなく、司法の民主化にもつながっていきます。

第2節

法教育の目的

1 目 的

　個人を尊重し自由で公正な社会を作るためには、自分達のルールは自分達で決め、それを守っていく必要があります。これはわが国の憲法の下での国民主権の理念といえますが、この理念を理解し実行するには、主権者たる国民が法的知識を持ち、それを用いて主権を行使できる技能を持ち、さらには主体的に主権を行使し政治に参加する意欲を持つことが必要となります。そのために、法教育が求められ、その目的が、**第1節**で述べたとおり、個人を尊重し自由で公正な社会を作るため、法的知識・技能・意欲を国民に会得させることにあると解されているのです。この目的を達成するためには、すべての子ども達に段階的に法教育を施していく必要があります。

2 学校教育の重要性

　法は日常生活のあらゆる事柄と関連しています。そこで、子ども達に対しては、まず、家庭内のルールを作って守らせたり、日常の買い物やお小遣い制度などを通して、家庭で法教育の基礎となる教育を行うことが重要なのはいうまでもありません。

　しかし、広く同じ年頃の子ども達に対して、ディベートやシミュレーションを通じて体系的に法教育を施すことが可能という意味では、学校教育における法教育も大変重要であると考えられます。

　第3節以降をご覧頂ければわかるとおり、子どものうちから法教育を

施すことによって、子ども達は個人を尊重し自由で公正な社会を作るため、法的知識・技能・意欲が身に付くのみならず、紛争解決能力やディベート能力を向上させることもできるといえます。これらは、新学習指導要領に挙げられている子ども達の「生きる力」の育成にも資するものといえます。

　実際、新学習指導要領においては、小学校では社会科・生活科・家庭科・体育科・道徳・特別活動、中学校では社会科・音楽・美術科・保健体育科・技術家庭科・道徳・特別活動、高校では公民科・芸術科・家庭科・情報科・特別活動において法教育に関する内容が含まれています。

COLUMN　法教育は身を守る

　私達の日常生活においては、実は気が付かないうちに法律が働いていることがたくさんあります。法律＝社会で暮らすルールであることから、買い物やアパートを借りるといったわかりやすい場面だけでなく、電車に乗る、友達にプレゼントをあげるというような場面でも、法律が適用されます。ルール違反があると、予期しない請求を受けたり、逆に相手に自分の受けた損害の回復を請求することができたりします。法教育は、将来の主権者を育てるという意義に限らず、法を知ることで私達が自分の身を守り他人の権利をむやみに傷つけないという、日常生活を送る上での大きな武器を持たせる意味があるのです。

第3節

法教育の内容

1 発達段階に即した内容

　将来の主権者として必要な法的知識・技能・意欲を身に付けさせるには、法が共生のための相互尊重のルールであること、私法の基本的な考え方、憲法及び法の基礎にある基本的な価値、司法や裁判の意義と役割などについて、必要な教育を実施しなければなりません。しかし、小学校低学年のうちから法の原理や価値について抽象的に教えたとしても、理解することは困難であり即座に身に付くものではありません。そこで、**図表1**のように、子ども達の発達段階に即した内容の法教育を施す必要があります。

　抽象的観念的な法規制・法理論から教えるのではなく、日々の生活で起こり得る法的問題という具体的な中身から教えていくことが重要です。

[1]　**小学校低学年**

(1)　**寓話的題材**

　小学校の1・2年生は、抽象的な法規制の前提となる原理や価値を理解するには未成熟な段階といえます。そこで、まずは社会生活を送る上で様々なルールが必要であることを知り、自分達で主体的にルールを作ることに興味を持ってもらうために、寓話的な題材を用いて法教育の導入を試みるべきです。

(2)　**身近なルール**

　そして、少し理解が進んだら、例えば友達同士でのゲーム用具の貸し借りの約束など、身近な約束事やルールにどのようなものがあるかについて考えさせます。すなわち、家庭内のルールやクラス内のルール、公共物や

【図表1】発達段階に即した内容

学　年	内　　容	具　体　例
小学校低学年	寓話的題材 家庭内・クラス内などより身近な問題	昔話に例える クラス内でのルール
小学校中学年	地域社会などの問題 身近な物の買い物	ゴミ処理 近隣の騒音 放置自転車 物を選んで買うシミュレーション
小学校高学年	国民主権 三権分立 日常生活における買い物 国民の義務	模擬選挙 通信販売等のシミュレーション 納税の義務
中学校	実際に起きた事件 契約の基礎 市場の働きと経済 租税の意義と役割	ルール作り 模擬裁判 売買等単純な契約 職業の意義と役割 租税の使いみち
高校	政治的問題 消費者教育 職業生活 社会参加	ディベート 契約書 消費者問題 自己実現・自己形成

公共施設を利用するためのルール、友達と遊ぶときの約束やルールというような身近な問題を採り上げて、共同生活を送る上でどのようなルールがあるか、なぜルールが必要なのかを考えさせるとよいでしょう。

[2]　小学校中学年

(1)　地域社会などの問題

　小学校の3・4年生になれば、低学年と比べて家庭やクラスよりももっと広い概念の共同生活上の問題を理解することができるようになると思われます。

　そのため、例えば、地域社会上のゴミ捨ての問題や、近隣の騒音問題、放置自転車の問題などについて話し合い、解決のためにはどうすればよい

か、そのためのルールはどのようなものが適しているかを考えさせるとよいでしょう。

⑵　**消費者教育の導入**

　また、消費者教育の導入として、日常の金銭の使い方と買い物の方法などについても学ばせていきます。お小遣いを使って文房具などを購入する行為を模擬的に体験させることで、契約に関する理解の素地を作っておくとよいでしょう。

[3]　**小学校高学年**

⑴　**国民主権・三権分立**

　小学校の5・6年生になれば、かなり抽象的な法的原理・価値を理解することも可能になると思われます。そこで、民主政治と日本国憲法の基本的な考え方、国民主権や三権分立、国民の司法参加などについて導入的教育も行っていくべきです。

　民主政治の基礎的な理解ができたら、クラスで模擬選挙を行い、国民主権・三権分立という抽象的な概念を体感させることが望ましいといえます。また、自分達の代表者は自分達で選ぶという体験をさせることで、政治参加に興味を持たせるという意義もあります。

⑵　**消費者教育の展開**

　引き続き消費者教育を進展させ、計画的に物を選んで買うという行為を学ばせます。小学校中学年では現金による店頭での買い物を中心とする仕組みの理解であったのに比べ、高学年では通信販売等についても触れられるとよいでしょう。

⑶　**国民の義務**

　国民の義務の一つとして納税の義務を取り上げ、税金が国民生活の向上と安定に使われていることを理解させるとよいでしょう。

[4]　**中学校**

⑴　**実際に起きた社会問題**

　中学生の段階では、実際に起きている社会問題についても知識や関心を

持ち、より複雑な法制度についても理解できるといえます。

そこで、現実に起きている騒音問題や放置自転車の問題等についてその事実関係を詳しく調べた上で、解決するための具体的なルールを実際に自分達で作らせてみたり、実際に起きた刑事事件を題材にどのような行為がどのような法に違反したのか調べさせたりすることが考えられます。

そして、刑事事件のプロセスの基礎的な理解ができたならば、裁判傍聴を行ったり、さらに進んで自分達で模擬裁判員裁判を行ってみることも有効です。実際の刑事手続に即して自ら裁判手続を行ってみることで、刑事手続においては真実発見のみならず人権保障を図ることがいかに重要であるかを理解することができます。

その際、個人の尊厳の尊重や民主主義、国民主権といった抽象的概念についての理解をさらに深めていくべきです。

(2) **法律関係の基本である契約の基礎を理解させる**

[5] で述べるとおり、成年年齢の引下げに伴って、高校3年生では、成人と同等の法的知識・技能・意欲を備えることが要求されることになるため、中学の段階から契約の基礎についても学ぶべきです。すなわち、日々の買い物や物の貸し借りなど身近な問題を契約行為として捉え、誰にどのような権利・義務が生じるのかについて理解するための教育を実施します。その際、契約の解除などについても触れ、それまでも進めてきた消費者教育をさらに深めていくべきです。

また、中学生になると、多くの子ども達がSNS等を利用するようになると考えられます。そこで、知的財産権や肖像権、プライバシー権といった情報に関するルールについても学ばせるべきといえます。

(3) **市場の働きと経済**

社会生活における職業の意義と役割について、単に報酬を得て生活を維持するということのみならず、社会に貢献し社会生活を支える意義があることを考えさせるとよいでしょう。

(4) 租税の意義と役割

　租税の大まかな仕組み、租税の意義や税制度の在り方について考えさせ、税の負担者として租税の使いみちなどについても理解と関心を深めさせるとよいでしょう。

[5] 高　校
(1) 政治的問題

　成年年齢が引き下げられると、高校生には成年年齢に達した者と未成年者が混在することとなります。

　そこで、高校では、在学中に成人と同等の法的知識・技能・意欲を備えさせる教育を行うことが必須となります。

　具体的には、実際の政治問題・社会的問題を取り上げ、その問題についてディベートさせ、解決のためのルール作りを手続等も踏まえて実際の法制度に沿った方法で行わせます。

　さらに、高校生ともなればより抽象的な法原理や価値も理解できる段階にあるといえますし、選挙権年齢の引下げにより、成年として選挙権を有し政治に参加する者もいます。そこで、憲法に定める政治の在り方、民主政治、個人の尊重、人権保障、法の支配、裁判員制度などもテーマとして欠かすことができない内容といえます。

(2) 実践的な消費者教育
① 契約の基本及び契約トラブルの類型

　成年年齢が引き下げられると、高校生の段階で成年となる者が生じるため、消費者として適切な行動をとる能力を身に付けさせるための教育が必要です。すなわち、契約自由の原則や私的自治といった消費活動の前提となる基本的な考え方を理解するとともに、売買、賃貸借、使用貸借、消費貸借等の基本的な契約類型を学び、さらには契約内容、契約をする能力、契約をする過程、契約が履行されない場合のそれぞれの問題等、契約トラブルとその対処法についても学ぶ必要があります。

　具体的には、売買契約を基本として、実際の契約書の内容を確認したり、

自分達で契約書を作成する体験を行ったりすることが考えられます。それにより、契約の当事者間でどのような拘束力（権利・義務）が発生するか、それを解除するにはどのような方法があるか等について学ばせるとよいでしょう。

② **消費者問題の当事者とならないための教育**

　成年年齢が引き下げられると、18歳となった途端に、各種契約の勧誘や儲け話の誘いを受け、消費者被害に遭う事態も想定されます。それらの話を持ち掛けるのは、見知らぬ業者に限らず既知の先輩や友人である場合も考えられます。そして、場合によっては、自らが勧誘する側に回る可能性もあります。

　そこで、成年になる前の段階で、実際の消費者被害の問題についても取り上げるとともに、場合によっては、自分達が消費者問題の被害者のみならず加害者にもなり得ることをよく理解させるべきです。例えば、自分がマルチ商法等の被害者になる場合だけでなく、契約内容もよく理解せずに安易に友達を勧誘することで自分が加害者になる危険があることを教える必要があります。

　具体的には、訪問販売や通信販売、連鎖販売等の特殊な契約についても学ばせるべきといえます。各種契約類型の特性を理解させ、問題のある販売方法については実際の事例を用いるなどしてその対応方法について考えさせます。

③ **消費者被害からの救済方法**

　成年年齢が引き下げられると、18歳になれば従前と異なり、未成年者を理由として契約を取り消すことができなくなります（**第2章**参照）。そこで、消費者問題の被害者救済のための基本的な法規について理解させ、クーリングオフや消費者センターに相談する等被害に遭った場合の具体的な対応手段について学ばせることが必要です。

　また、それに加えて、消費者金融、クレジット契約、ブラックバイトの問題（雇用契約、**第5章**参照）についても、まさに現実の問題として教え

る必要があるといえます。

その他、SNS等の利用に絡んだ、プライバシー権などの情報に関する権利などについてより理解を深めさせることも重要といえます。

(3) 職業生活・社会参加

中学校の段階から一歩進み、職業生活に対する適切な勤労観・職業観を身に付けるとともに、職業生活における自己の幸福の実現と人生の充実について考えさせるとよいでしょう。

また、自己形成にとって社会参加が重要であることを理解させ、その上で、社会の維持発展への貢献及び自己実現のためにどのような社会的役割を担っていくのか考えさせるとよいでしょう。

2 法教育の具体的方法

[1] 主体性・積極性

本節1で述べたような法教育を行うにあたり、子ども達自身に考えさせ、主体性をもって学習させることが重要です。また、知識や理論を学ばせるだけでなく、シミュレーション形式での法教育を行い、実際に自分達のルールは自分達で話し合って決めるという民主主義の仕組みについて、身をもって経験させることが必要といえます。

[2] 具体的方法

法教育を行うといっても、具体的にどのような手順で進行するのかは様々です。ここでは、中学校段階を想定したルール作り及び高校段階を想定した消費者教育の手順の一例を挙げてみましょう。

なお、これらの手順は、内容を発達段階に即したものに変えることで他の教育場面でも用いることができます。

(1) ルール作り

近隣の騒音問題、放置自転車問題、ゴミ捨て問題といった身近な問題をテーマにルール作り（図表2参照）を行います。

このようなルール作りを通じて、自分達のルールは自分達で決めるとい

【図表2】ルール作り

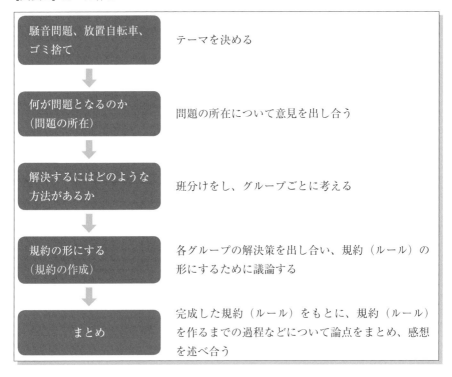

う民主主義の原理を学ぶことができます。

また、自分達で決めたルールは守らなければならないという法遵守の精神も養うことができます。

初めのうちは、身近な問題をテーマとすることで問題の所在を捉えやすく議論も行いやすいといえます。発達段階が上がるにつれ、社会性・政治性の高い問題も採り上げていくことが望ましいでしょう。

いずれにせよ、議論の進行を含め子ども達に主体的に行動させることが重要です。

(2) **消費者教育**

成年年齢が引き下げられた場合、法教育をより早い段階で行うことの必要性が高まるというのは第1節で述べたとおりです。

【図表3】消費者教育

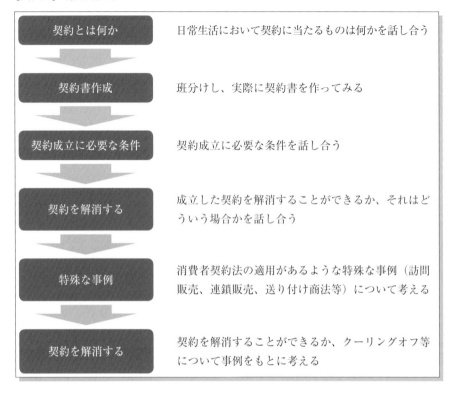

　特に、高校生で成年に達する者が生じることになるため、消費者として適切な行動をとる能力を身に付けて自立するべく、契約自由の原則や私的自治といった基本的な私法の原則についての消費者教育の充実は急務といえますが、具体的には**図表3**のように進めていくことになるでしょう。

　まず、日常生活の様々な場面で契約が用いられていることを理解させます。例えば、日々の買い物や家を借りるときの契約などです。

　続いて、契約の基本的な内容を押さえ、契約を締結することで当事者にどのような拘束力が生じるか、つまり、誰にどのような責任・権利が生じるかについて理解させます。最初のうちは、単純な売買契約など理解しやすい事例を用いることが望ましいといえます。

契約成立に必要な条件やその基本的な効果を理解した後は、今度は消費者被害等を想定し、成立した契約を解除するにはどのような条件が必要かを理解させます。

　ここまでが基本的な契約の理解ですが、成年年齢の引下げに伴い、消費者契約法の適用があるような事例についても取り上げるべきといえます。特に、若者の間では、ＳＮＳなども日常的に利用されていると考えられるので、自分がマルチ商法などの被害に遭うのみならず、安易に友達を勧誘して不法行為に加担しないよう注意喚起しなければならない点は、既に述べたとおりです。

第4節

法教育における法律実務家との連携

1 連携の必要性

　学校現場における法教育の重要性については、第2節の2で述べたとおりですが、法教育はその内容の専門性が高い分野もあり、教育関係者のみで法教育におけるカリキュラム作り・教材作り・実際の指導等すべてを十分にこなすことは困難な場合もあると思われます。

　そこで、法の専門家たる弁護士等の法律実務家と教育の専門家とが連携して子ども達への法教育を行っていくべきだと考えられます。

　すなわち、法律実務家が法教育の授業の進め方についてアドバイスを行ったり、教材やカリキュラム作成に関わるなど教員の法教育のサポートをするにとどまらず、法律実務家が実際に学校に赴き、ルールとは何か、ルールはどのように作られるか、シミュレーションや寸劇を用いて説明したり、模擬裁判を行うなどの授業を実施することなども効果的な手段といえるでしょう。

　法律実務家は、その職務において法を用いた紛争解決を実践しており、こうした法律実務家が子ども達に直接授業を行うことで、単なる法的知識にとどまらず、実務的な法適用の場面、法的価値判断、法による利害関係の調整といった生きた法教育を行うことが可能となります。

2 連携の内容

　具体的に、法律実務家との連携とはどのように行われるのでしょうか。

【図表 4】法律実務家との連携内容

実際の授業におけるサポート	事前準備段階における協力 授業の補助 法律実務家による授業の実践
資料・計画におけるサポート	教材の作成についての協力 カリキュラムの作成
研修におけるサポート	教員を対象とする研修会の開催 研究会の設置

[1] **授業の実践におけるサポート**

(1) **事前準備の段階**

　事前準備の段階において、教員と法律実務家が授業の目的、構成、手順等につき綿密な打ち合わせを重ねることで、より実効的な授業を達成することができます。実際に顔を合わせて打ち合わせることが困難な場合も、メールやFAXを活用することで十分な準備を行うべきです。

(2) **授業の実践・補助**

　法律実務家自身が授業を行うことはもちろん、授業における教員の補助役として、諸所でコメントをはさんだり、コーディネーター役を務めることなども有効です。

[2] **資料・計画におけるサポート**

　さらに、法律実務家が直接授業を行わず、教員だけで授業を行う場合であっても、授業のカリキュラムの作成や資料・教材の作成において、法律実務家と教員とが連携していくべきです。法律実務家はその法的専門知識を生かし、他方教員は教育の専門家として子ども達の指導方法についてリードすることで、より良い授業計画や資料を作成することができます。

[3] **教員研修におけるサポート**

　法律実務家と教員との連携を考える上で、法律実務家が授業に関与するだけでなく、教員の研修面においてもサポートすることも重要です。そし

て、研修会や講習会のみならず、法律実務家の法教育の研究会に教員も参加することで、より法教育が充実するといえます。

これらのサポートを受ける方法については、各弁護士会が法教育に様々な方法で取り組んでいるので、次項を参照してください。

3 弁護士会の取組み

[1] 日本弁護士連合会の取組み

日本弁護士連合会（日弁連）においては、1990年代前半から法教育への取組みを始めており、裁判傍聴の引率や学校への弁護士派遣による出張授業などを行っています。

その他、教員に対する研修やシンポジウム等も積極的に行っており、2003年には「市民のための法教育委員会」を設置しました。これは、法教育の策定及び実践、学校等における法教育のための教材の研究・開発、法教育に関する教育関係者等との情報交換などを目的とするものです。

現在高校生によって行われている模擬裁判選手権も、こうした活動の成果といえます。

日弁連のホームページでは、法教育教員セミナーの申込みや、学習モデルや資料がダウンロードできます。

[2] 各弁護士会の取組み

また、北海道弁護士会連合会、東北弁護士会連合会、関東弁護士会連合会、中部弁護士会連合会、近畿弁護士会連合会、中国地方弁護士会連合会、四国弁護士会連合会、九州弁護士会連合会の各弁護士会連合会、さらには各弁護士会単位においても法教育について積極的に取り組んでいます。

各弁護士会の活動を大別すると、各地の弁護士会館で行う法教育セミナーの開催、弁護士が学校に赴く出張授業、裁判傍聴の引率、教師との共同研究となります。

例えば、第一東京弁護士会においては、法教育委員会が設置され、模擬裁判等への弁護士派遣や、憲法に関する授業などを行っており、ホームペー

ジから申し込むことができます。その他、各発達段階に応じた様々な法教育プログラムが用意されており、活用されるとよいでしょう。

> 第一東京弁護士会ホームページ
> http://www.ichiben.or.jp/
> 弁護士派遣申込みページ
> http://www.ichiben.or.jp/manabu/

〈参考文献〉
『これからの法教育 さらなる普及に向けて』（関東弁護士会連合会、平成14年、現代人文社）
『はじめての法教育Q&A』（法教育推進協議会、平成19年、ぎょうせい）
『弁護士白書 2010年版』（日本弁護士連合会）

第10章

税金
—— 成年者・未成年者が
知っておきたい租税知識

税理士・公認会計士 山田 美代子（やまだ　みよこ）

【略歴】
昭和59年　慶應義塾大学法律学部法律学科卒業
昭和62年　公認会計士2次試験合格
平成10年　公認会計士事務所開業
平成11年　税理士事務所開業
【所属・公職等】
山田公認会計士事務所
日本エム・ディ・エム株式会社 監査役（平成27年～）、東京都財産価格審議会委員（平成18-平成20年）、日本公認会計士協会東京会 非営利法人委員会委員（平成28-平成29年）、出版委員（平成19-平成20年）、東京経営短期大学元非常勤講師
【著書】
『Q&A中小企業経営に役立つ会社法の実務相談事例』（共著、平成28年、ぎょうせい）
『同族会社実務大全』（共著、平成27年、清文社）
『就業規則変更の実務―労働関係法改正にともなう』（共著、平成25年、清文社）
『会計税務便覧　平成20年度版』（編著、平成20年、清文社）
『小さな会社の総務・経理のわかる本』（平成5年、新星出版社）

第 1 節

未成年者に関係する税金

1 ポイント

本章では、未成年者に関係する税金について説明し、成年年齢が満18歳に引き下げられることによって、税金面でどのような影響があるかを説明します。

2 知っておくべき税金の種類

未成年者も成年者と変わらず税金を負担するのが原則です。そのため、未成年者も負担する税金の種類について紹介します（図表1参照）。

まず、未成年者においても広く負担することとなるのは「間接税」です。これは物の購入やサービスの提供でお金を支払った時点で、支払った代金の中に含まれる税金です。具体的には、「消費税、入湯税、宿泊税」などがあります。

また、財産を取得し、保有する者に税金がかかる場合があります。そのため、未成年者でも、例えば、車を購入すれば「自動車税等」がかかり、土地や建物を取得した場合には、「不動産取得税」や「固定資産税」を負担することになります。

さらに、財産を取得する場合のうち、特に、祖父母や親などから贈与を受け、それが一定の額を超える場合には「贈与税」がかかり、親族が亡くなって財産を相続すれば、相続人として「相続税」を支払うことになります。

上記に加え、未成年者がアルバイト等で収入を得れば、所得税・住民税

【図表1】国税・地方税の税目・内訳（財務省）

	国　税	地方税		国　税	地方税
所得課税	所得税 法人税 地方法人特別税 復興特別所得税 地方法人税	住民税 事業税	消費課税	消費税 酒税 たばこ税 たばこ特別税 揮発油税 地方揮発油税 石油ガス税 自動車重量税 航空機燃料税 石油石炭税 電源開発促進税 関税 とん税 特別とん税	地方消費税 地方たばこ税 ゴルフ場利用税 自動車取得税 軽油引取税 自動車税 軽自動車税 鉱区税 狩猟税 鉱産税 入湯税
資産課税等	相続税・贈与税 登録免許税 印紙税	不動産取得税 固定資産税 事業所税 都市計画税 水利地益税 共同施設税 宅地開発税 特別土地保有税 法定外普通税 法定外目的税 国民健康保険税			

＊上図の他に消費課税の地方税として宿泊税もあります。

を負担することがあります。

3　未成年者等に関する規定がある税金について

　税法上、未成年者に関連した条文の規定がある税金は余り多くありませんが、次のような規定を挙げることができます。

［未成年に関する規定があるもの］
① （国税）相続税
　(ｱ)　未成年者税額控除（相続税法19の3）
　(ｲ)　未成年者が農業相続人となる場合の農業委員会の証明（租税特別措置法70の6）
　　（農業経営が継続されることを条件として相続税額が免除される制度で

すが、相続人が未成年者の場合は、上記の証明が必要です。）
② （国税）所得税：ジュニアNISA（未成年者口座内の少額上場株式等に係る配当所得及び譲渡所得等の非課税措置）（租税特別措置法37の14の2）
③ （国税）酒税：未成年者の飲酒防止に関する表示基準を定める件（原則：お酒の容器、包装または酒類の販売場に「未成年者の飲酒は法律で禁止されている」旨を表示することをいいます。）
　　（参照：国税庁HP「未成年者の飲酒防止に関する表示基準」について＞未成年者の飲酒防止に関する表示基準を定める件）
④ （地方税）住民税：未成年者控除（地方税法24の5、295）

[主に若年者等に関する規定があるもの]
⑤ （国税）贈与税：相続時精算課税（相続税法21の9）
⑥ （国税）所得税：勤労学生控除（所得税法82）
（給与所得控除（所得税法28）65万円に加えて、以下の＊の場合に27万円の控除）
　　＊給与所得などの勤労による所得があること
　　＊合計所得金額（給与所得控除後の金額）が65万円以下＋給与所得以外の所得10万円以下
　　＊(以下※)特定の学校の学生、生徒であること
　　　※小学校、中学校、高等学校、大学、高等専門学校、専修学校、職業能力開発促進法の規定による認定職業訓練を行う職業訓練法人で一定の課程を履修させるもの
⑦ （国税）所得税：扶養控除（所得税法2、84）
　　＊一般の控除対象扶養親族（扶養親族のうち、その年12月31日現在の年齢が16歳以上の人）　38万円
　　＊特定扶養親族（控除対象扶養親族のうち、その年12月31日現在の年齢が19歳以上23歳未満の人）　63万円

ここで留意すべき点は、「未成年者」についての規定がある場合であっ

ても、民法に基づき未成年者が結婚した場合には成年とみなされる（成年擬制）ことは税法においても同じです。

4 成年年齢の引下げに伴う税金面への影響

　以下では、成年年齢が20歳から18歳に引き下げられた場合に、影響が出ると思われる税制上の制度について、取り上げてみましょう。

　ただし、これらの年齢要件の変更については、民法改正に加えて、当該規定を有する各種税法の改正が必要です。

[1]　相続税の未成年者税額控除制度

　現行税法における未成年者税額控除とは、未成年者が相続税を負担する場合に、同人が20歳になるまでの年数に対し、1年につき10万円を乗じて計算した額を相続税の額から控除できるとするものです。これは、相続で財産を取得した未成年者が成人になるまでの養育費の一部を遺産から負担させることとして税額控除を認めるものです。したがって、成年年齢が20歳から18歳に引き下げられた場合には、未成年者について10万円×2年＝20万円分の相続税負担が多くなることになります。

[2]　住民税の未成年者控除制度

　未成年者は、現行税法上、その給料やパート収入が103万円以下なら給与所得控除及び基礎控除の範囲内なので「所得税」の負担はありません。また、「住民税」については、その金額が204万4,000円未満の場合まで負担がありません。このような違いが生じるのは、住民税について、特に未成年者控除として125万円を控除する制度があるためです。控除額の内訳は下記のとおりです。

　　（所得税）
　　　給与所得控除（65万円）＋基礎控除（38万円）＝103万円
　　（住民税）
　　　給与所得控除(79万3,200円)＋未成年者控除(125万円)＝204万4,000円

【図表2】 ジュニアNISAとNISA比較表

	ジュニアNISA	NISA
正式名称	未成年者少額投資非課税制度	少額投資非課税制度
対象者	0歳から20歳未満（※1）	20歳以上（※2）
取引主体者	親権者	口座名義本人
口座開設可能期間	2016.4.1～2023.12.31 以上の8年間	2014.1.1～2023.12.31 以上の10年間
金融商品取引業者の変更	変更不可（1人につき　1口座のみ）	各年ごとに変更可
非課税投資額	投資額80万円以下	投資額120万円以下
非課税投資総額	最大400万円	最大600万円
非課税期間	最長5年間	最長5年間
途中売却	途中売却可能 売却後はその枠は再利用不可	途中売却可能 売却後はその枠は再利用不可
払い出し制限	18歳未満　原則不可	払い出し制限無

※1　口座を開設する年の1月1日20歳未満またはその後に出生した居住者等
※2　口座開設の年の1月1日において20歳以上の居住者等
※3　平成29年度税制改正により創設された積立NISAについては省略

　そのため、成年年齢が18歳に引き下げられると、18歳、19歳の者は、未成年者控除が受けられなくなり、住民税の負担が増えることになります。
　例えば、18歳で高校を卒業して就職すると所得税は給料から差し引かれますが、翌年度になって負担する住民税についてはこれまで認められていた未成年者控除がなくなりますので、その分増えた住民税を高校を卒業した翌年から負担することになります。

[3]　(国税)所得税のジュニアNISA制度

　ＮＩＳＡ（少額上場株式等に係る配当所得及び譲渡所得等の非課税措置）については、成人と未成年者では取扱いが異なりますが、これを比較すると図表2のとおりです。

成年年齢が18歳に引き下げられると、これまでジュニアＮＩＳＡの制度の適用を受けていた18歳、19歳の者についてその適用がなくなります。

　もっとも、これは株式の投資損益の繰延べに関する制度であるため、成年年齢の引下げによってすぐに大きな影響が生じるとは考えにくいと思われます。

[4]　贈与税の相続時精算課税制度

　現行税法の相続時精算課税制度とは、原則として60歳以上の父母または祖父母から、20歳以上の子または孫に対して財産を贈与した場合において選択できる贈与税の制度をいいます。これは死亡時に相続するのではなく、生前に贈与させることで親等の財産を早く子ども等が利用できるようにさせる制度であり、内容的には**図表3**のようになります。

　この制度は、早い段階で子どもに資産を引き継げることになるため、将来の相続時に資産価値が増加する資産や収益性のある資産について利用すれば節税効果が生じる制度となっています。

　そして、成年年齢の引下げとともに、この制度についても「20歳以上」という規定が、「18歳以上」と改正されることとなれば、現在よりも早い段階で相続人である子ども達に財産を贈与できることになります。

【図表3】相続時精算課税制度のあらまし（国税庁HPより）

［平成28年4月1日現在法令等］

　財産の贈与を受けた人は、次の場合に、財産の贈与をした人ごとに相続時精算課税を選択することができます。

相続時精算課税を選択できる場合（年齢は贈与の年の1月1日現在のもの）
・財産を贈与した人　→　60歳以上の父母又は祖父母
　（贈与者）　　　　　　（住宅取得等資金の贈与の場合には特例があります。）
・財産の贈与を受けた人→ 20歳以上の者 のうち、贈与者の直系卑
　（受贈者）　　　　　　属（子や孫）である推定相続人又は孫

⇒（現状）20歳以上　成年年齢改正後は18歳以上になる可能性あり（筆者注）

（相続時精算課税を）

―（選択する）―　　　―（選択しない）―

相続時精算課税	暦年課税
［贈与税］ (1) 贈与財産の価額から控除する金額 　特別控除額 2,500万円 　なお、前年までに特別控除額を使用した場合には、2,500万円から既に使用した額を控除した金額が特別控除額となります。 (2) 税額 　特別控除額を超えた部分に対して一律20%の税率で計算します。	［贈与税］ (1) 贈与財産の価額から控除する金額 　基礎控除額　毎年110万円 (2) 税額 　課税価格に応じ贈与税の<u>速算表</u>で計算します。 ※暦年課税には年齢の規定はありません。

（相続時に精算）

| ［相続税］
贈与者が亡くなった時の相続税の計算上、相続財産の価額に相続時精算課税を適用した贈与財産の価額（贈与時の価額）を<u>加算して相続税額を計算します</u>。
その際、<u>既に支払った贈与税相当額を相続税額から控除します</u>。なお、控除しきれない金額は還付を受けることができます。 | ［相続税］
贈与者が亡くなった時の相続税の計算上、原則として、相続財産の価額に贈与財産の価額を<u>加算する必要はありません</u>。
ただし、相続又は遺贈により財産を取得した者が、相続開始前3年以内に贈与を受けた財産の価額（贈与時の価格）は加算しなければなりません。 |

第2節

成年者として負うべき税金に関する知識

1 所得税について

　現実問題としては、就業する18歳も多いことから、成年年齢が引き下げられた場合、18歳の者が成人として知っておくべき所得税の知識として、ここでは給与所得の基本について説明します。給与とは、給料、賃金、賞与等のことをいいます。

[1]　所得税の意味

　所得税とは、原則として、個人の所得に対して課される国の税金です。例えば、未成年者でも、アルバイトをすれば給料を得ることになりますが、この収入に対して算定され、給料の額面から差し引かれるのが所得税です。

[2]　所得税と社会保険における給与収入の認定の違い

　例えば、18歳の者が就職したり、アルバイトをして給料の支給を受けると、給料明細をもらいますが、そこには所得税と社会保険の明細が記載されています（図表4参照）。

　この場合、所得税と社会保険とでは、賦課の対象となる給与収入額に違いがあります。図表4の場合では、通勤交通費が現物支給として給与に含まれていますが、この通勤交通費の取扱いとして、所得税においては非課税通勤交通費部分として所得税の計算の対象とならないのに対して、社会保険では交通費を含めた給料総額が社会保険料の計算の対象となる点に違いがあります。給与収入を得るようになると、自分の収入のうち、所得税と社会保険料では、それぞれどの範囲が計算の対象となるのか等についてもしっかり理解しておく必要があります。

【図表4】

給料支払明細							○○課　○○店舗		殿
支給額(A)									
基本給	役職手当	資格手当	時間給	残業代		通勤費(非課税)	通勤費(課税)	合計	
控除額(B)									
健康保険料	介護保険料	厚生年金	雇用保険料	所得税	住民税		その他	合計	
差引　給料支給額　(C) = (A) − (B)									

所得税対象の給与収入＝支給額(A) − 通勤費(非課税)
社会保険対象の給与収入＝支給額(A)

[3] 年末調整とは

　年齢に関らず、就業して給与を得ると年末に年末調整がなされ、源泉徴収票を受け取ることになります。これによって所得税課税の算定内容がわかりますが、具体的には次ページ図表5のように、支払金額から各種控除をした後の金額に一定の税率を乗じて算定されることになります。

【図表5】

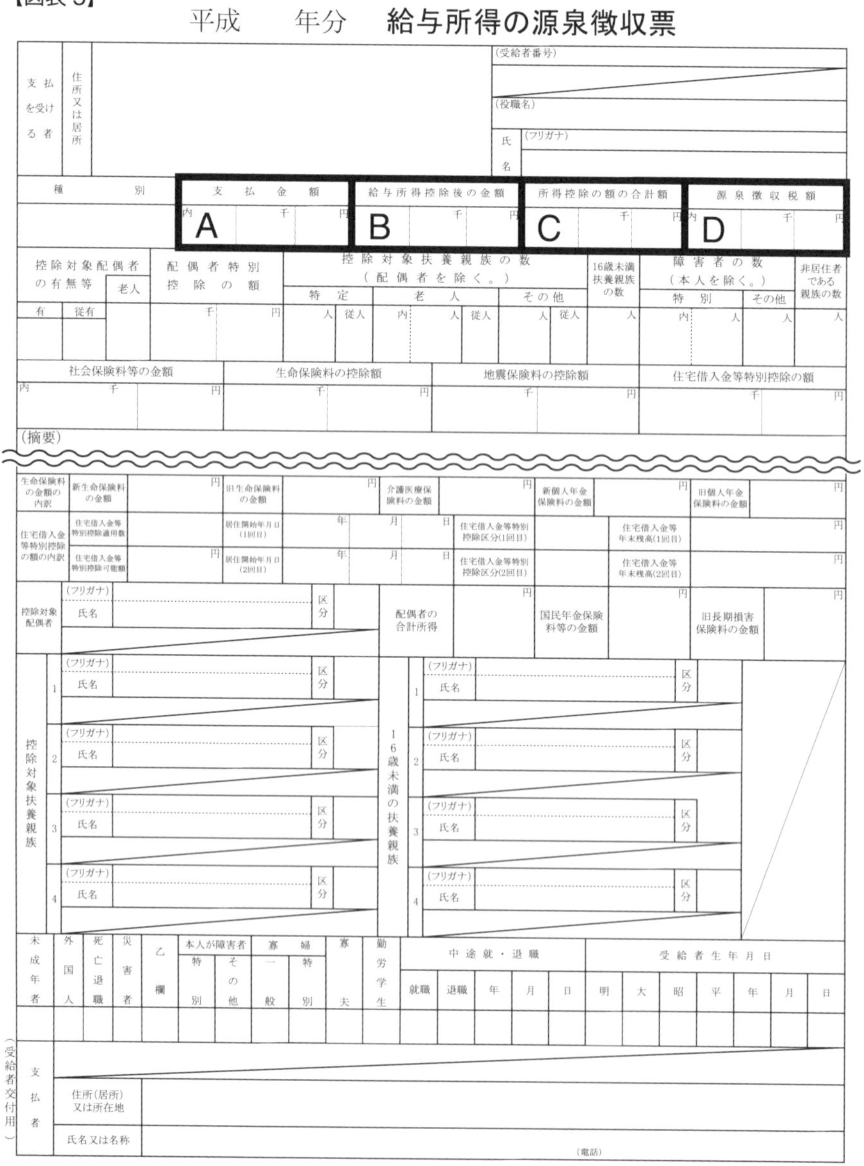

平成　　年分　**給与所得の源泉徴収票**

（表：支払金額(A)、給与所得控除後の金額(B)、所得控除の額の合計額(C)、源泉徴収税額(D) の4項目を含む給与所得の源泉徴収票の様式）

[源泉徴収票▶支払金額(A)]
　毎月の給料明細（賞与を含む）の給与収入の暦年の1年分を合計したもの
[源泉徴収票▶給与所得控除後の金額(B)]
　（A）の支払金額－給与所得控除＝給与所得控除後の金額

<給与所得控除の計算方法(平成29年分)>

給与等の収入金額 (給与所得の源泉徴収票の支払金額)		給与所得控除額
1,800,000 円以下		収入金額×40% 650,000 円に満たない場合には 650,000 円
1,800,000 円超	3,600,000 円以下	収入金額×30% +180,000 円
3,600,000 円超	6,600,000 円以下	収入金額×20% +540,000 円
6,600,000 円超	10,000,000 円以下	収入金額×10% +1,200,000 円
10,000,000 円超		2,200,000 円(上限)

(1) 源泉徴収票:所得控除の額の合計金額(C)欄

　給与所得控除後、さらに各種の所得控除があります。所得控除とは、源泉徴収票の(B)欄の所得から、さらに控除することができる金額ですが、次のように多くの種類があります。

<所得控除>

　雑損控除、医療費控除、社会保険料控除、小規模企業共済等掛金控除、生命保険料控除、地震保険料控除、寄附金控除、障害者控除、寡婦(寡夫)控除(この控除は女性の場合と男性の場合とで要件に差があります)、勤労学生控除、配偶者控除、配偶者特別控除、扶養控除、基礎控除

　各所得控除が適用されるためにはそれぞれ条件がありますが、すべての人が控除できるのが基礎控除の38万円です。

(2) 源泉徴収票:源泉徴収税額(D)欄

　源泉徴収税額(D)欄の金額は、次のように算出されます。
　[源泉徴収票　所得控除の額の合計金額(C)]×②税率-③控除額
　　(②、③は次ページ「所得税の税額表」参照)

【計算例】
　　(C)の合計所得が2,000,000円(として)×10% - 97,500円 = 102,500円

〈所得税の税額表：平成27年分以降〉

課税される所得金額①	税率②	控除額③
195万円以下	5%	0円
195万円を超え　330万円以下	10%	97,500円
330万円を超え　695万円以下	20%	427,500円
695万円を超え　900万円以下	23%	636,000円
900万円を超え　1,800万円以下	33%	1,536,000円
1,800万円を超え　4,000万円以下	40%	2,796,000円
4,000万円超	45%	4,796,000円

[4] 給与収入と所得

　以上のように、18歳の者が仕事をして収入を得る場合に、所得税課税の仕組みを理解することは必須ですが、特に、給与収入と所得の意味が違うこと、さらに次項で述べる「合計所得」と上記の源泉徴収票の［(B)給与所得控除後の金額］が実は同じ内容であることなど、税金の制度においては、同じことを異なる用語で表現することもありますので、その複雑な仕組みをしっかり理解していく必要があります。

[5] 所得税の確定申告が必要な場合

　また、18歳の者が成人として複数の場所で働くことになる場合もあるでしょう。その際には、年末の源泉徴収票を複数取得し、自分で翌年の3月15日までに所得税の確定申告書を提出しなくてはなりません。この場合には、複数の源泉徴収票の給与収入額をすべて合算してから、前述した方法で計算した給与所得控除を差し引き、「合計所得」を計算することになります。

　ここで、所得税の確定申告書について、**図表6**にその様式を掲げておきましたので、参考にしてください。

　なお、上記の「合計所得」とは、前述したとおり源泉徴収票の［(B)給与所得控除後の金額］の合計額と同じであり、所得税の確定申告書上では、第1表の「所得金額合計」（⑨欄）がそれに当たります。

【図表6】

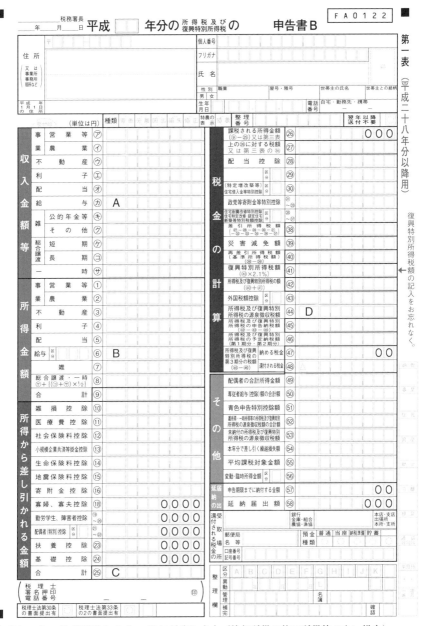

＊表中のA～Dは図表5のA～Dに対応します（給与所得の他に所得等のない場合）。

[6]　18歳の者に収入があった場合の具体的な検討

　上記の知識を踏まえ、現行民法の下、18歳の者がアルバイト等を行った場合と改正により18歳で成年となった場合とで、その給与の額次第で決まる税金や社会保険の負担がどのような影響を受けるのか、次の例で比較して説明します。

　未成年者の学生のアルバイトの給与収入をベースに、勤務状況及び給与収入によって、社会保険料・国民健康保険料の負担がどうなるのか、自己負担か扶養親族になるのかの判定をポイントにした比較です（図表7参照）。

＊　　　　　＊

　まず、ケース㈹と㈻は暦年の給与収入と交通費は同じですが、留意すべき点は、住民税については未成年者控除があるため社会保険加入の有無によって違いが出てくることです。ケース㈻の場合は、社会保険料を負担するため、課税所得が小さくなり、結果、税金は少なくなりますが、社会保険料の負担もあるため手取金額そのものは減少します。もし、ケース㈹のように、就業先で社会保険に加入できない場合であっても、親の所得税の扶養親族や健康保険の扶養者からは外れることになるため、国民健康保険料を自分で負担することになります。

　社会保険料の適用となる給与収入（交通費含む）は原則130万円ですが、収入が130万円を超えて社会保険適用となった場合がケース㈮であり、給与収入がそこまでないケースが㈵となります。そして、これらのケースの収入を比較すると、120万円－103万円で17万円の収入差になります。また手取りの金額になると、住民税の差があるために、成年年齢改正後ではその差が78,266円（＝1,108,266円－1,030,000円）となり、改正前は95,766円（＝1,125,766円－1,030,000円）となります。さらに、ケース㈮では親の扶養親族とならないのに対し、ケース㈵では親の扶養控除が可能ですので、親の税額が異なってきます。

　18歳の者が親の経済的な負担を考えて、学費や生活費を稼ごうとしてアルバイトなどを増やして頑張ることも必要でしょうが、上記のように、

【図表7】

		ケース(イ)	ケース(ロ)	ケース(ハ)	ケース(ニ)
①	［A給与収入］	103万円	204万円	204万円	120万円
②	交通費（非課税）	12万円	12万円	12万円	12万円
③	給与所得控除	650,000	792,000	792,000	650,000
④	［B給与所得控除後の金額］（＝①＋②－③）	380,000	1,248,000	1,248,000	550,000
⑤	健康保険料	0	0	107,218	0
⑥	厚生年金保険料	0	0	196,368	0
⑦	雇用保険料	0	0	8,640	0
⑧	基礎控除	380,000	380,000	380,000	380,000
⑨	国民健康保険	0	118,322	0	69,134
⑩	C所得控除の額の合計金額＝⑤～⑨の合計	380,000	498,322	692,226	449,134
	課税所得＝④－⑩（1,000円未満切捨）	0	749,000	555,000	100,000
⑪	住民税	0	［18歳成年の場合］82,300 ［20歳成年の場合］0	［18歳成年の場合］63,000 ［20歳成年の場合］0	［18歳成年の場合］17,500 ［20歳成年の場合］0
⑫	所得税	0	38,200	28,300	5,100
	年間手取金額（＝①－(⑤＋⑥＋⑦＋⑨＋⑪＋⑫)）	1,030,000	［18歳成年の場合］1,801,178 ［20歳成年の場合］1,883,478	［18歳成年の場合］1,636,474 ［20歳成年の場合］1,699,474	［18歳成年の場合］1,108,266 ［20歳成年の場合］1,125,766
	扶養親族となるか？	○	×	×	×

※1　成年後には、以上の表の他に国民年金保険料として月16,490円（平成29年4月～）を納付します。

※2　住民税は前年の所得により計算されて翌年の6月に納付するため、年間手取金額には実際には上記表とはズレがあります。

※3　上記の表は本書執筆時点における参考例であり、実際の計算をする場合には、その時点での税制・社会保険制度等を踏まえて検討してください。

※4　このケースでは未成年者控除を使うことができるかどうかで住民税の計算が変わるため、成年者が18歳と20歳である場合を想定して、概算計算してあります。

18歳が成年とされた場合には、その収入が一定額を超えれば、家計全体に影響を与えるだけでなく、住民税の未成年者控除がなくなり、その税金や社会保険の負担も生じることを自分自身でもきちんと理解しておくことが求められるでしょう。

2 相続税と未成年者

[1] 18歳の者が相続人になった場合の問題点の比較

未成年者が相続人になった場合に注意する点は次のとおりです。

まず、遺産について、相続人同士の話し合いでそれぞれが相続する財産を決めて、遺産分割協議書を作成しますが、これは法律行為となります。未成年者は制限行為能力者である（民法20①）ため、未成年者が法律行為を行うには法定代理人の同意が必要で（民法5①本文）、この法定代理人には親権者である両親がなることができます。しかし、第三者との法律行為であれば、親権者が問題なく法律行為を行えますが、相続の場合には親族同士が相続の当事者となるため法律行為を行う際には難しい問題が生じます。

〈事例①▶母と子ども1名が相続人の場合〉

① 現状の問題点

例えば、父親が亡くなり、相続人が妻である母親とその18歳の子ども1名である場合に、母親が親権者であっても、相続人である母親と子どもは利害関係があるため子どもの法定代理人となることができません。したがって、この母と子どもだけでは有効な遺産分割協議書を作成できません。

② 成年年齢が18歳に改正となった場合の留意点

しかし、成年年齢が引き下げられ、18歳で成年になれば法律行為を単独で行うことができるため、母と18歳の子どもの成年者間の協議で有効な遺産分割協議書を作成することができます。他方で、18歳の成年者は同じ相続人である母親と一緒に相続税申告、金融機関名義変更手

続等を行う必要があります。人生の中で相続を何度も経験することはないので、経験を重ねた大人でも相続手続は大変なことが多いため、成年となったばかりの18歳の者としては、相続の制度をよく理解するだけでなく、相続することで自分も責任を負うこともあることに十分に注意しなくてはなりません。特に相続は正の財産だけでなく、借金等の負の財産も受け継ぐこともありますから、その点での注意も欠かせません。

〈事例②▶離婚した夫婦の妻が亡くなり、未成年者の子ども2名が相続人になった場合〉

① 現状の問題点

両親が離婚して親権者と定められた元妻である母親が亡くなり、2名の子どもが相続人となった場合に、この子どもの父親が2人の親権者として法定代理人になることができるかという問題があります。

以下の資料（図表8）は国税庁の質疑応答事例の一つで、この回答の趣旨からすれば、この**事例②**の場合には未成年者が相続人のために遺産分割協議書を作成する場合、家庭裁判所で特別代理人の選任（**第11章参照**）をする必要があると考えられます。

なお、実際の相続では必ずしも遺産分割協議書を作成しない場合として、法定相続分による共有分割で相続人が遺産を相続する場合があります。それは、利害関係があっても法定相続分による共有分割は公平な相続となるために、相続税の申告や不動産の相続登記も原則として行えると考えられているからです。

② 成年年齢が18歳に改正となった場合の留意点

被相続人の死亡時に、未成年者であった相続人が相続手続中に成年年齢の改正により成年となる場合も想定されます。その際には注意が必要です。

まず、相続手続のスケジュールについてですが、相続税申告期限は被相続人が死亡した日の翌日から10か月以内となり、また所得税の準確定申告（1月1日から死亡日までの所得に対する所得税を申告します）は死

【図表8】

> 共同相続人に該当しない親権者が未成年者である子に代理して遺産分割協議書を作成する場合
>
> 【照会要旨】
>
> 　被相続人甲は、妻乙との間に子2人(成年者)がありましたが、妻以外の女性丙との間にも子が2人(うち未成年者1人)あり、生前に認知していました。
>
> 　甲の死亡に係る相続に関し、相続人である妻乙と子供4人で遺産を協議分割し、その分割に基づいて相続税の申告をすることになりましたが、相続税の申告書に添付する遺産分割協議書には、未成年者である子に代理して親権者である丙が署名、押印すれば、家庭裁判所で特別代理人の選出を受けなくてもよいと考えますがどうでしょうか。なお、丙は包括受遺者ではありません。
>
> 【回答要旨】
>
> 　丙の親権に服する子が1人の場合には、照会意見のとおりで差し支えありません。しかし、同じ者の親権に服する未成年者が2人以上いる場合には、そのうちの1人について親権者が法定代理人となり、他の未成年者については、それぞれ特別代理人の選任を必要とします。
>
> (注)　未成年者の親権者が共同相続人であり、その子とともに遺産分割の協議に参加する場合には、民法第826条(利益相反行為)の規定により特別代理人の選任を要しますが、親権者が共同相続人としてその遺産分割に参加しない場合には、同条の適用はありませんので、法定代理人である親権者の同意のみで足ります。ただし、子が2人以上いる場合において、その1人の子と他の子との利益が相反する行為については、子のうちの1人を除き、特別代理人の選任を要します(同条第2項)。
>
> 【関係法令通達】
>
> 　民法第826条第1項、第2項
>
> 注記
>
> 　平成28年7月1日現在の法令・通達等に基づいて作成しています。
>
> 　この質疑事例は、照会に係る事実関係を前提とした一般的な回答であり、必ずしも事案の内容の全部を表現したものではありませんから、納税者の方々が行う具体的な取引等に適用する場合においては、この回答内容と異なる課税関係が生ずることがあることにご注意ください。

(国税庁「質疑応答事例」より)

亡した日から4か月以内となります。金融機関口座や不動産等の名義変更手続は適時に実施します。その結果として、この事例による子が18歳で成年となれば、特別代理人も必要なくなりますが、さらに成年の相続人として相続手続において提出しなくてはならない書類や押印する印鑑等は未成年者の場合と異なってくるため、18歳の者にとって手続の煩雑さは相当な負担となると思われます。

[2]　相続手続の留意点
(1)　未成年者の相続税申告について
　次に相続税の申告書への記名及び押印という行為は、法律行為ではなく、申告者である未成年者による記名押印で完了し、特別代理人が自署や押印する必要もありません。それは国税通則法や相続税法に特段の規定もなく、税務署へ申告書を提出することは納税者である未成年者でも当然に行えるものだからです。そして、相続税の計算において、相続財産取得時（原則：被相続人死亡時）に未成年者が相続人になった場合には、相続税額から未成年者税額控除をすることができます。ただし、成年となればできません。

(2)　未成年者の相続の場合の名義変更について
　相続は、遺産分割協議書の作成や相続税の申告をする以外に、被相続人の財産を引き継いでその名義変更をしなくてはなりません。例えば銀行や証券会社の口座についての相続による名義変更手続は、それぞれの金融機関ごとに少しずつ方法が異なっています。これについても、家庭裁判所から特別代理人が選任されていない場合には、通常の名義変更より詳しい説明や追加の資料の提出を要求されることがあるため、手間や時間がかかることもあります。こうした場合の情報提供や相談受付などの対策も、未成年者が成年年齢引下げにより2年も早く成年者となる際には、当然必要になると思われます。

第11章

婚姻、相続、訴訟手続などへの影響

弁護士 多田 啓太郎（ただ けいたろう）

【略歴】
平成24年　弁護士登録（第一東京弁護士会）
　　　　　成和明哲法律事務所入所
【所属・公職等】
成和明哲法律事務所
第一東京弁護士会 総合法律研究所 会社法研究部会
【主な著作】
『100分でわかる企業法務』（共著、平成26年、角川書店）
『非公開会社・子会社のための会社法実務ハンドブック』（共著、平成27年、商事法務）
『同族会社実務大全』（共著、平成27年、清文社）
『役員会運営実務ハンドブック』（共著、平成28年、商事法務）

第 1 節

成年年齢の引下げによる
その他の影響

1　成年年齢の引下げが婚姻に与える影響

[1]　成年年齢の引下げにより結婚の在り方が変わる?

　男女の結婚を、法律上は「婚姻」といいます。そして、成年年齢が満18歳に引き下げられることで、この婚姻の手続や意義に関しても、いくつかの影響が生じます。

[2]　婚姻適齢

　男性は18歳、女性は16歳にならなければ、婚姻をすることはできません。この婚姻をすることができる年齢を、「婚姻適齢」といいます（民法731）。

　この婚姻適齢は、成年年齢とは別に、民法上「18歳」または「16歳」と定められているため、成年年齢が18歳に引き下げられたとしても、婚姻適齢自体の改正がされない限り、変わることはありません。

　ただし、民法の成年年齢の引下げについての最終報告書（法務省：法務審議会、第1章参照）においては、成年年齢を引き下げる場合に、婚姻適齢を男女とも18歳とすべきとの報告もなされています。そのため、成年年齢の引下げとともに、婚姻適齢が変更される可能性もあります。

　以下では、婚姻適齢の年齢は変わらないことを前提として、成年年齢の引下げが婚姻に与える影響について、説明します。

[3]　未成年者の婚姻には父母の同意が必要

　「未成年の子」が婚姻をする場合、民法上は「父母の同意」が必要とされています（民法737①）。これは、思慮分別が必ずしも十分に備わって

いないと考えられる未成年者が、結婚相手を誤って選択することがないように、未成年の子の父母に婚姻の同意権を与えたものです。

具体的には、未成年者の婚姻に際しては、婚姻届の提出とともに、父母の署名押印のある婚姻同意書を提出することが必要です。

そして、父母が婚姻に反対し、この婚姻同意書が得られない場合には、婚姻届が受理されず、婚姻ができないことになります。なお、父母の一方が同意しないときや父母の一方が死亡しているときは、他の一方の同意だけで足り（民法737②）、父母の両方が亡くなっているような場合には、同意する父母自体がいないため、同意は不要と考えられています。

これに対し、成年年齢が18歳に引き下げられると、18歳、19歳で結婚する際に、両親が婚姻に反対する場合であっても、法律上は、父母の同意がないまま、婚姻することが可能となります。このような結論は、婚姻に関する個人の自由をこれまでより広く認めるものですが、18歳や19歳の若年者には思慮分別が必ずしも十分に備わっていないという実態が変わらないとすると、それらの者が配偶者の選択を誤らないために婚姻に父母の同意を必要とした法の趣旨が損なわれる可能性があるようにも思えます。そのため、18歳、19歳で婚姻しようとする場合には、父母の同意が不要となる分、これまで以上に、その相手が本当に配偶者として最適なのか、自身でより慎重に考える必要があるかもしれません。

逆に、親の立場で考えてみると、従来は、子が20歳に達するまでは、子の婚姻について同意権があり、子が配偶者の選択を誤りそうなときには、父母で同意しないことにより子を保護するという選択肢がありました。これに対して、成年年齢が18歳に引き下げられる場合には、18歳、19歳の子が婚姻することについて、事実上の反対をすることはできても、法律上の権利として婚姻自体に同意しないことはできなくなりますので、子どもとの話し合いが一層必要になるといえるでしょう。

また、手続上は、成年年齢が18歳に引き下げられると、18歳、19歳で結婚する場合に上記の婚姻同意書は不要となります。特に、男性は18

歳で婚姻適齢を迎えると同時に成年になりますので、そもそも婚姻同意書が必要となる場合が想定できなくなります。そのため、成年年齢が18歳に引き下げられた後は、婚姻同意書は、婚姻適齢を迎えた16歳、17歳の未成年の女性が婚姻をする場合にのみ必要なものとなります。

　なお、成年年齢の引下げに伴い、婚姻適齢が男女とも18歳に改正された場合には、男女とも婚姻適齢を迎えると同時に成年になりますので、「未成年者の子」が婚姻すること自体がなくなり、婚姻同意書が必要となる場面もなくなるでしょう。

[4]　婚姻届上の証人

　婚姻は、届け出ることによって、効力が生じますので（民法739①）、結婚するために、婚姻届を作成して、本籍地または所在地の市役所、区役所または町村役場に届け出る必要があります。

　婚姻届を作成するには、夫婦となる当事者の署名押印の他に、証人2名の署名押印が必要です（民法739②）。これは、夫婦となる当事者が成年であっても未成年であっても変わりません。

　一般的には、夫婦となる当事者のそれぞれの親や、片方の両親が証人となることが多いように思いますが、成年であって夫婦となる当事者以外であれば誰でも、例えば、職場の上司や友人でも証人となることができます。

　そして、民法上、この証人となることのできる者は、「成年」とされています（民法739②）。そのため、成年年齢が18歳に引き下げられると、18歳、19歳の友人にも、婚姻届の証人となってもらうことができるようになります。

　もっとも、民法上、成年の証人2人の署名が必要とされた趣旨は、夫婦となる当事者の、婚姻するという明確な意思を成年である第三者が確認する点にあり、その役割は重要です。そのため、婚姻届における証人は、借金や賃貸借における保証人と異なり、署名押印することによって何らかの債務を負うものではありませんが、成年年齢が引き下げられて18歳の者が成年として証人になる場合には、その役割の重要性を十分に認識する

必要があります。

[5] 婚姻の効果

　婚姻した夫婦は、同居し、互いに協力し扶助しなければなりません（民法752）。また、夫または妻の氏を称することとなり（民法750）、不貞行為をしないという貞操義務を負います。これらは、成年年齢が18歳となったとしても、変わることはありません。

　もっとも、婚姻の効果の一つに、「成年擬制」と呼ばれるものがあり、成年年齢の引下げは、この成年擬制に影響を及ぼします。

　すなわち、民法では、未成年者が婚姻をしたときは、成年擬制により、成年に達したものとみなされます（民法753）。そのため、これまでは、18歳や19歳の未成年者であったとしても、婚姻の効果として成年として扱われ、法定代理人の同意を得ることなく単独で法律行為を行うことができ、その行為についての未成年者取消権を行使することができなくなります（民法5。詳細は、**第2章参照**）。

　これに対し、成年年齢が18歳に引き下げられた場合には、男性は18歳で婚姻適齢を迎えると同時に成年となりますので、成年擬制により成年とみなすまでもなく、18歳に達すると同時に成年として当然に単独で法律行為を行うことができるようになるので、成年擬制は意味がなくなるように思えます。

　他方、女性においては、16歳、17歳のうちに婚姻した場合には、成年擬制によって成年とみなされ、これにより単独での法律行為を行うことができるようになる点は従来どおりですが、18歳以降で婚姻する場合は、男性と同様、18歳で成年となるため、婚姻擬制によって成人とみなす必要はなくなります。

　このように、成年年齢が18歳に引き下げられた場合には、成人擬制が適用される場合が16歳、17歳の女性が婚姻した場合に限られることとなりますので、この点において、成年年齢の改正によって、成年擬制の効果の及ぶ範囲が変わるといえます。

【図表1】成年年齢の改正が婚姻に与える影響

	改正前	改正後
婚姻適齢	男性18歳、女性16歳。	同左。ただし、改正の可能性あり。
父母の同意 （婚姻同意書）	18歳、19歳の男性、または16歳～19歳の女性が婚姻する際に必要。	16歳、17歳の女性が婚姻する際に必要。
婚姻届の証人となることができる者	20歳以上。	18歳以上の者であれば証人になることができるようになる。
婚姻による同居・扶助義務、貞操義務、氏の変更	婚姻により同居・扶助義務、貞操義務を負い、夫または妻の氏を称する。	同左。
成年擬制の対象	18歳、19歳の男性、または16歳～19歳の女性が婚姻したとき適用される。	16歳、17歳の女性が婚姻したときに適用される。

　なお、成年年齢の引下げに伴い、婚姻適齢が男女とも18歳に改正された場合には、18歳で成年になりますので、婚姻擬制が適用される場面がなくなるでしょう。

2　成年年齢の引下げが養子縁組の制度に与える影響

[1]　未成年者を養子とする場合の手続等

　実際の血縁関係とは無関係に、養親と養子との間に親子関係を生じさせる行為を、養子縁組といいます。そして、民法の成年年齢の引下げは、この養子縁組にも影響を与えます。
　すなわち、養子縁組によって未成年者を養子とする場合には、次のような規制があります。
　①　自己または配偶者の直系卑属（子や孫）を養子とする場合を除いては、家庭裁判所の許可を得なければなりません（民法798）。
　②　配偶者のある者が未成年者を養子とする場合には、配偶者の嫡出子を養子とする場合か、配偶者が意思を表示できない場合を除いては、配偶者とともに未成年者を養子とする必要があります（民法795）。

そのため、成年年齢が18歳に引き下げられた場合には、18歳の者を養子とする際に、家庭裁判所の許可を得ることが不要となりますし、配偶者のある者が18歳の者を養子とする場合であっても、配偶者とともに養子にする必要まではなく、単独で養子縁組をすることが可能となるのです。

[2] 養親となれる年齢

他方で、民法では、「成年に達した者」は、養子をすることができる（民法792）とされています。そのため、成年年齢が18歳に引き下げられれば、18歳で養親となることができるとも考えられます。

もっとも、最終報告書（法務省：法務審議会）においては、養親となる年齢は、他人の子を法律上自己の子とし、これを育てるのに適した年齢であり、必ずしも単独での契約が可能となる年齢や、親権の対象となる年齢と一致させる必要がないこと、養子をとるということが相当な責任を伴う行為であることから、成年年齢を引き下げる場合でも、養親の年齢については、現状維持の20歳とすべきとの報告がなされています。

また、**第2節**で紹介する成年年齢引下げの改正法に関する法務省による施行方法に関しての説明の中においても、成年年齢を18歳に引き下げる場合に、養子をとることができる年齢については、「成年」から「20歳」とする改正を予定しているとのことです。

そのため成年年齢の改正後も、養親の年齢については、現状の20歳から変更されない可能性があります。

3 成年年齢の引下げが相続に与える影響

[1] 相続が発生した場合の選択肢

両親等が亡くなって相続が発生した場合、相続人は、自己のために相続の開始があったことを知った時から3か月以内に、相続について①単純承認、②限定承認、③相続放棄のいずれかを行わなければなりません（民法915①）。

ここで、①単純承認とは、亡くなった者の権利や義務について留保を付

【図表 2】成年年齢の改正が養子制度に与える影響

	改正前	改正後
家庭裁判所の許可が必要なケース	20歳未満の者を養子とする場合。ただし、自己または配偶者の直系卑属を養子とする場合を除く。	18歳未満の者を養子とする場合。ただし、自己または配偶者の直系卑属を養子とする場合を除く。
配偶者とともに養子とする必要があるケース	20歳未満の者を養子とする場合。ただし、配偶者の嫡出子を養子とする場合、及び配偶者が意思を表示できない場合を除く。	18歳未満の者を養子とする場合。ただし、配偶者の嫡出子を養子とする場合、及び配偶者が意思を表示できない場合を除く。
養親となることができる者の年齢	20歳。	20歳。ただし、養親となることができる年齢が「成年に達した者」のままで改正されない場合は18歳となる可能性がある。

けずにすべて相続分の範囲で受け継ぐものです（民法920）。逆に、初めから相続人とならなかったものとみなして、亡くなった者の権利義務を承継しないことを、③相続放棄といいます（民法939）。亡くなった者の資産より債務が多いような場合には、相続するとかえって債務を負うことになり不利になりますので、民法上、相続を放棄することが認められているのです。また、②亡くなった者の資産や負債が分からず、相続を放棄するべきか否か判断できない場合に、相続によって得る財産を限度として、被相続人の債務等の義務を負担することも認められており、これを限定承認といいます（民法922）。

[2] 相続に関する期間制限と民法改正の影響

相続人となる者が、単純承認をするか、相続放棄をするか、限定承認をするかは、自己のために相続があったことを知った時から3か月以内にしなければなりません。

具体的には、限定承認、相続放棄を行う場合には、亡くなった者の住所地の家庭裁判所宛に、相続放棄の申述、あるいは限定承認の申述をする必

要があります（民法 938、民法 924）。相続人が期間内に限定承認または相続放棄をしない場合には、単純承認をしたものとみなされますので、注意が必要です（民法 921 二）。

　もっとも、未成年者においては、自己のために相続の開始があったことを知った時から 3 か月以内に、いずれを選択するのかについて適切な判断ができない可能性があります。そこで、民法は、相続人が未成年者の場合には、未成年者が相続の開始があったことを知った時から起算するのではなく、法定代理人が未成年者のために相続の開始があったことを知った時から起算するものとしています（民法 917）。

　そのため、成年年齢が 20 歳であれば、例えば 19 歳の者が相続人となった場合には、その者が相続の開始を知った時から 3 か月以内ではなく、その法定代理人において相続の開始を知った時から 3 か月以内に、単純承認、相続放棄、限定承認のいずれかが選択されることとなります。

　他方で、成年年齢が 18 歳に引き下げられた場合には、18 歳、19 歳の者が相続人となった場合には、その者自身が相続の開始を知った時から 3 か月以内に、単純承認、相続放棄、限定承認のいずれかを選択することが必要となるのです。

[3]　遺言の方式

　同様に、「遺言」（法律上は、「ゆいごん」ではなく「いごん」と呼びます）についても、以下の **[4]**、**[5]** で述べる点で、成年年齢の引下げの影響があります。

　遺言には、①自筆証書遺言、②公正証書遺言、③秘密証書遺言の 3 つの種類があります。

　このうち、①自筆証書遺言は、遺言者が全文、日付、氏名を自署して押印する形式のものです（民法 968 ①）。この場合、遺言は相続の開始後、家庭裁判所の検認を得る必要があり、封印のあるものは家庭裁判所において相続人かその代理人の立会いがなければ開封することができません（民法 1004）。なお、家庭裁判所外で開封した場合には、5 万円以下の過料が

ありますので、むやみに開封しないように注意が必要です（民法1005）。

次に、②公正証書遺言は、遺言者が遺言の趣旨を公証人に口授（くじゅ）する方法により作成するものです。公正証書遺言を作成する際は、証人2人以上の立会いが必要となります（民法969）。

さらに、遺言の内容を誰にも知られたくない場合に利用するものとして、③秘密証書遺言と呼ばれるものがあります。秘密証書遺言は、遺言者が証書に署名、押印して、証書を封じ、証書に用いた印章で封印し、公証人1人及び証人2名の前に封書を提出して自己の遺言書である旨と筆者の氏名住所を申述するという手続を取ります（民法970①）。秘密証書遺言の場合にも、自筆証書遺言と同様に、家庭裁判所での検認が必要で、開封も家庭裁判所で行わなければなりません（民法1004）。

[4] 遺言の証人

このように、遺言には①自筆証書遺言、②公正証書遺言、③秘密証書遺言の3種類がありますが、このうち②公正証書遺言と③秘密証書遺言に関しては、2名の証人が必要となります。

そして、未成年者は民法上、遺言の証人の欠格事由とされていますので、証人となることができません（民法974一）。

そのため、成年年齢が18歳に引き下げられた場合は、18歳、19歳の者も、成年として、遺言の証人となることができるようになります。

[5] 遺言執行者

また、遺言の内容を実現するために、遺言の執行に必要な一切の権利義務を有し必要な手続を行う者を、「遺言執行者」といい（民法1012）、遺言者は遺言で、1人または数人の遺言執行者を指定することができます（民法1006①）。

そして、民法上、未成年者は遺言執行者の欠格事由とされていますので、遺言執行者となることはできません（民法1009）。そのため、成年年齢が18歳に引き下げられれば、18歳、19歳の者も遺言執行者となることができるようになります。

【図表3】成年年齢の改正が相続に与える影響

	改正前	改正後
18歳、19歳の者が相続人となる相続が開始した場合	その法定代理人において相続の開始があったことを知った時から3か月以内に、単純承認、相続放棄、限定承認のいずれかを選択。	当該18歳、19歳の者において相続の開始があったことを知った時から3か月以内に、単純承認、相続放棄、限定承認のいずれかを選択。
遺言の証人となることができる年齢	20歳以上。	18歳以上。
遺言執行者となることができる年齢	20歳以上。	18歳以上。

4 成年年齢の引下げが子の復氏、時効に与える影響

[1] 従前の氏に復する期間

子が、父母の離婚等の結果、父または母と「氏」を異にする場合、子は、家庭裁判所の許可を得て、届出をすることで父または母の氏を称することができます（民法791①）。そして、子が父母と氏を異にする理由が、父または母が氏を改めたことである場合には、子は、父母の婚姻中に限っては、家庭裁判所の許可を得ないで、届出によりその父母の氏を称することができます（民法791②）。なお、子が15歳未満のときには、その法定代理人において、これらの行為を行うことができます（民法791③）。

このようにして未成年の子が氏を改めた場合、子が成年に達したときから1年以内に届出を行うことで、従前の「氏に復する」（復氏）ことができるとされています（民法791④）。これは、思慮分別が十分に備わっていない頃に改めた氏について、成年に達した1年以内に限り、子自身の自由な意思によって従前の氏を名乗るか、変更後の氏を名乗るかの選択肢を、子に与えたものです。

そのため、成年年齢が18歳に引き下げられると、19歳となるまでの1年間に、かかる復氏の機会が与えられますが、従前は21歳まで氏に復す

るか否かの選択が可能であったことからすれば、より早期にその判断が求められることになります。

[2] 時効が完成する期間

　上記[1]と同じように、成年に達してから一定期間のうちに判断を求められる場合が、時効との関係でもありますので、その点でも成年年齢の引下げの影響があります。

　民法では、時効の期間満了前6か月以内の間に未成年者に法定代理人がいないときは、その未成年者が行為能力者となった時または法定代理人が就職した時から6か月を経過するまでの間は、その権利についての時効は完成しないとされています（民法158）。

　これは、法定代理人のいない未成年者について、成年となって行為能力者となるか、法定代理人が就任してから6か月間は時効が完成しないようにすることで、この間に時効中断措置をとる余地を与え、十分な判断能力が備わっておらず、また法定代理人もいない未成年者を保護する趣旨です。

　そのため、法定代理人のいない未成年者においては、成年年齢が18歳に引き下げられると、18歳に達してから6か月の間に時効中断措置をとる必要がありますので、より早期の対応が求められることになるのです。

5　成年年齢の引下げが民事裁判手続に与える影響

　未成年者は、民事訴訟法上、法定代理人によらなければ訴訟行為をすることはできないとされています（民事訴訟法31）。これは、複雑で見通しのつかないことが多い訴訟手続において、未成年者に代わって法定代理人に訴訟行為を行わせることとして、未成年者の保護を図ったものです。

　あらかじめ法定代理人の同意を得た場合（民法5①）や、法定代理人が目的を定めて処分を許した財産に関しても（民法5③）、未成年者は訴訟追行することができず、その法定代理人がこれを行う必要があります。実際は、法定代理人が自ら、または弁護士に訴訟行為を委任するなどして、

訴訟追行を行うことになるでしょう。

　なお、民事訴訟においても、例外的に、一種または数種の営業を許された未成年者は（民法6）、その営業に関してのみ、独立して法律行為をすることができ、また、人事訴訟においては、本人の意思を尊重する趣旨で、一定の場合には未成年者にも訴訟能力が認められています。

　このように、未成年者は、民事裁判の手続上、原則として、訴訟行為をすることができず、未成年者が行った訴訟行為は無効となりますので、訴訟の相手方としても、未成年者を相手方とする場合に、その法定代理人との間で訴訟追行をする必要があります。

　そのため、成年年齢が18歳に引き下げられると、18歳、19歳の者は成年として自ら訴訟行為を行わなければなりません。その結果、訴訟を提起する場合はもちろん、特に訴訟の被告とされてしまった場合には、自ら行った訴訟行為が自身にとって不利に働く可能性もありますので、弁護士等の専門家に相談する等、慎重な対応を行うことが必要となるでしょう。

6　成年年齢の引下げが従前の契約に与える影響

　成年年齢が引き下げられることで、それ以前に「成年」という文言を使用していた従前の契約書等は、どのように解釈されることになるのでしょうか。

　この点、契約の解釈としては、当事者の合理的意思として、契約締結時にどのように考えていたか、どのような意思の合致があったといえるかを考慮する必要があります。成年年齢が引き下げられる前に、例えば「成年に達するまで」は養育費を支払うといった合意がある場合、契約締結当時の「成年」は20歳であるため、合理的意思解釈としては「20歳」までは養育費を支払うという合意があったものと解釈することが可能でしょう（第3章第3節参照）。

　その他の契約においても、合意がなされた具体的状況等に応じて個別に判断することが必要になりますが、基本的には、成年年齢の引下げの前に

合意された契約の意思解釈としては、「成年」は「20歳」と解釈することが、当事者の合理的意思に合致し、適当なように思われます。

7 成年年齢の引下げが各種資格の要件に与える影響

　弁理士、司法書士、行政書士、社会保険労務士や、医師、歯科医師、薬剤師といった一定の資格に関しては、それぞれの法律で、未成年者であることが欠格事由とされています。

　そのため、成年年齢が18歳に引き下げられると、18歳以上の者は、未成年者という欠格事由には当たりませんので、18歳、19歳の者でもこれらの職に就くことができるようになります。

8 成年年齢の引下げが国民年金制度に与える影響

　国民年金の制度には、被保険者の種類として、第1号被保険者、第2号被保険者及び第3号被保険者がありますが、このうち第1号被保険者と第3号被保険者は、20歳以上60歳未満の者であることが必要とされ、年齢要件が具体的に定められています。そのため、成年年齢の引下げによって、直ちに18歳、19歳の者が第1号被保険者や第3号被保険者に該当することになるわけではありませんが、成年年齢の引下げによって、併せて被保険者の年齢が引き下げられることもあるかもしれません。

　なお、第2号被保険者は、厚生年金保険の被保険者であり、厚生年金保険法上の被保険者は適用事業所に使用される70歳未満の者とされていますので、もともと未成年者であっても適用除外事由がない限りは、厚生年金保険の被保険者となることがあり、この場合には国民年金の第2号被保険者にもなりますので、成年年齢の引下げは直接影響を与えません。

第2節

成年年齢引下げの改正法の施行方法について

1 施行方法に関する法務省の予定とこれに対する意見

　法務省は、平成28年9月1日から同月30日までの間、民法の成年年齢の引下げの改正法の施行方法に関する意見募集を行い、その後、寄せられた意見の概要を公開しています。

　ここでは、法務省が予定している施行方法と、それに対して寄せられた意見の概要について、簡単に説明します。

2 施行時点で18歳、19歳に達している者の取扱い

　法務省は、改正法施行時点で18歳、19歳に達している者について、成年年齢を18歳とする改正法の施行日において一斉に成年に達するとすることを予定しています。そして、かかる施行方法を採用した場合、およそ200万人が一斉に成年に達することとなります。

　この点に関しては、上記施行方法で支障がないとする意見がある一方で、まずは19歳に引き下げ、状況を踏まえて18歳に引き下げるといった段階的な引下げを行うべきといった意見や、成年となる者に対する悪質業者からの狙い撃ちを回避するため、当該者の次の誕生日をもって成人とする等の取扱いとすべきといった意見が寄せられました。また、一斉に契約年齢に達することに伴い、悪質業者による被害が発生することを回避するために、施行日前後に悪質業者からの勧誘が集中するおそれがあることを前提として、十分な消費者教育をする必要があるという意見も寄せられています。

3 施行までの周知期間

　法務省は、成年年齢の引下げによる社会的影響の大きさを踏まえ、改正法の成立から3年間の周知期間を設けることを予定しています。

　当該周知期間に対しては、相当といった意見のほか、より短い周知期間が相当であるという意見や、5年程度やそれ以上のより長い周知期間とすべきとの意見が寄せられました。

　このうち、5年程度やそれ以上のより長い周知期間とすべきとの意見の理由としては、キャリア教育やシティズンシップ教育等の推進、主権者教育の充実を図ったり、法教育などに基づく消費者保護施策の実現、消費者教育とともに若年者の消費者被害防止のための施策を講じたりすることの必要性が指摘されました。

4 改正法の施行日

　改正法の施行日に関しては、①1月1日から施行する、②4月1日から施行する、③上記以外の日（例えば改正法の公布から3年が経過した日）から施行する、といった案が示されました。

　このうち、②4月1日から施行するという案については、高校のクラスに成人と非成人が混在し、指導の整合性等で混乱が生じる可能性を回避するために、年度替わりの4月1日とすることが相当という賛成意見がある一方で、銀行実務上の混乱や税法に係る事項が1月1日を基準日としているものが多いこと等から、これに反対する意見が寄せられました。

5 成年年齢引下げの効果を遡及させないこと

　法務省は、成年年齢の引下げの改正の効果について、原則として、改正法の施行前には遡及させず、18歳、19歳の者が改正法施行前に成年に達していたと解する取扱いは行わないものとすることを予定しています。

具体的には、例えば、既に 18 歳になっていた者が、改正法の施行日前に契約を締結し、その後改正法の施行により成年となった場合でも、契約締結時点では未成年者であったことから、かかる契約について未成年者取消権による取消しができるように取り扱われる予定です。

民法成年年齢引下げが与える重大な影響

2017年10月5日　発行

編著者	辺見紀男／武井洋一／山田美代子 Ⓒ
発行者	小泉　定裕
発行所	株式会社　清文社 東京都千代田区内神田1-6-6（MIFビル） 〒101-0047　電話 03(6273)7946　FAX 03(3518)0299 大阪市北区天神橋2丁目北2-6（大和南森町ビル） 〒530-0041　電話 06(6135)4050　FAX 06(6135)4059 URL http://www.skattsei.co.jp/

印刷：大村印刷㈱

■著作権法により無断複写複製は禁止されています。落丁本・乱丁本はお取り替えします。
■本書の内容に関するお問い合わせは編集部までFAX（03-3518-8864）でお願いします。
■本書の追録情報等は、当社ホームページ（http://www.skattsei.co.jp/）をご覧ください。

ISBN978-4-433-64957-9